RÉORGANISATION

DU

SERVICE MÉDICAL CIVIL ET MILITAIRE

D'ÉGYPTE EN 1856

SOUS LE GOUVERNEMENT DE SAÏD-PACHA.

RÉORGANISATION

DU

SERVICE MÉDICAL

CIVIL ET MILITAIRE D'ÉGYPTE

EN 1856

SOUS LE GOUVERNEMENT DE SAÏD-PACHA.

RÈGLEMENTS.

PAR

LE DOCTEUR CLOT-BEY,

EX-INSPECTEUR GÉNÉRAL DU SERVICE MÉDICAL D'ÉGYPTE; MEMBRE DE L'ACADÉMIE DE MÉDECINE DE PARIS;
COMMANDEUR DE L'ORDRE DE LA LÉGION D'HONNEUR.

PARIS

IMPRIMÉ PAR E. THUNOT ET CIE.

RUE RACINE, 26, PRÈS DE L'ODÉON.

1862

A SON ALTESSE SAÏD-PACHA

VICE-ROI D'ÉGYPTE.

ALTESSE,

Vous savez que, sous les auspices de votre illustre père, j'ai organisé tout ce qui est relatif au service médical et de santé de l'Égypte, que ces institutions ont largement porté leur fruit pendant une période de vingt-cinq années.

Vous eussiez reçu en héritage ce beau pays, florissant et admirablement constitué, sous tous les rapports, si votre prise de possession n'avait été précédée par un gouvernement néfaste de cinq ans qui a bouleversé de fond en comble tout ce qui, avant lui, avait été fait de bien et semblait devoir être durable.

A son avénement, votre Altesse a été pressée par le besoin d'une prompte et indispensable réorganisation, et elle daigna jeter les yeux sur moi, pour restaurer, dans ma spécialité, les établissements qui, en d'autres temps, avaient été mon œuvre.

J'ai entrepris cette tâche difficile, avec résolution et dévouement. Je suis même allé au delà par l'institution nouvelle de l'*Intendance militaire et de l'Administration générale des hôpitaux civils.*

Une élaboration de près de trois années a été à peine suffisante pour mettre à jour les règlements, par lesquels tous ces divers services devaient être régis.

Ma santé s'y est usée, et c'est par ces motifs impérieux, que je me suis condamné prématurément à la retraite.

Je viens de faire imprimer ces documents et je considère leur publication, comme le dernier chant du Cygne.

J'avais eu l'honneur de présenter ces documents à Votre Altesse, à l'état de projet, et vous y aviez donné votre haute approbation.

Plaise à Dieu que jamais des mains ennemies de votre gloire, de la sécurité et de la prospérité de l'Égypte, ne viennent une seconde fois renverser cet édifice.

Ces travaux accomplis ne peuvent être perdus pour vous, Altesse, qui en avez eu le mérite en présence des contemporains et pour la postérité ; ils ne peuvent l'être pour moi, qui ai été assez heureux pour avoir votre approbation dans cette nouvelle et si importante occurrence.

Daignez, Altesse, recevoir avec bienveillance, cette collection assez compacte de nos règlements, de mes propositions et de vos royales sanctions. Elle a été composée pour vous et en vue de vous.

Veuillez, en même temps, agréer l'hommage de l'attachement respectueux et du profond dévouement avec lesquels je suis

Votre très-humble et très-obéissant serviteur,

CLOT-BEY.

Paris, le 28 août 1862.

AVANT-PROPOS.

EXPOSÉ DE LA SITUATION DU SERVICE DE SANTÉ EN 1825 ET DES DIFFÉRENTES PHASES QU'IL A SUBIES JUSQU'EN 1857.

Lorsque je fus appelé en Égypte en 1825, pour organiser un service médical, une force militaire imposante était sur pied, tant dans l'intérieur du pays que dans le Sennâr, le Cordofan, le Hedjas, l'île de Candie et la Morée; cette armée, appuyée d'une escadre importante, donnait un effectif de près de deux cent mille hommes.

Ces troupes étaient soumises à la discipline européenne et organisées d'après les règlements français quant au maniement des armes et à la manœuvre. Mais la partie administrative, si avancée en France et indispensable pour subvenir aux besoins des armées dont elle assure la conservation et favorise le succès, avait été entièrement négligée; point d'intendance et rien qui y suppléât. Il en avait été de même du service médical, composé de quelques médecins européens placés dans les corps, sans chefs, sans direction. Tout était donc à créer.

Mon premier soin fut de former un Conseil de santé, chargé de la direction générale du service, et, de concert avec ses membres, je m'occupai de l'organisation médicale.

Il fallut constituer un corps de médecins et de pharmaciens dirigés par des règlements, ayant une hiérarchie. Nous appliquâmes les règlements français, en ce qu'ils avaient de compatible avec l'administration générale; mais je crus que, dans une organisation nouvelle, je pouvais apporter quelques modifications à ces règlements, d'autant plus que déjà plusieurs changements avaient été signalés comme des améliorations. Ainsi :

1° La chirurgie fut réunie à la médecine, et il n'y eut plus que deux classes au lieu de trois : les médecins et les pharmaciens.

2° A l'exception du Caire et d'Alexandrie, les corps de troupes ne trouvant pas, en Égypte comme en Europe, des villes où existent des hôpitaux militaires ou civils pour y envoyer leurs malades, il devint nécessaire d'établir des hôpitaux réglementaires. Dans les cantonnements de l'intérieur ; les bataillons ou les régiments furent donc munis d'un personnel et d'un matériel en rapport avec le nombre supposé des malades.

3° On régla les grades et le traitement des deux professions de médecin et de pharmacien, afin d'entretenir une constante émulation dans le corps médical en offrant aux officiers de santé un avancement progressif comme récompense du zèle et de la capacité.

Le personnel médical des corps se composa : d'un médecin aide-major par bataillon ; d'un médecin-major de première classe et d'un pharmacien aide-major par régiment.

Le régiment de cavalerie équivalant à un bataillon d'infanterie eut un médecin-major de deuxième classe et un pharmacien sous-aide.

4° L'assimilation aux grades militaires a été exactement suivie, pour la solde, les indemnités, les rations, le traitement de retraite, les honneurs militaires, etc., etc. Je me suis, en cela, conformé à un usage généralement adopté en Orient et en Russie, pays où la hiérarchie civile correspond à la hiérarchie militaire.

5° Dans le principe, deux hôpitaux sédentaires seulement furent établis : l'un à Abou-Zabel où se trouvait le camp d'instruction, réunissant une grande partie des troupes ; l'autre à Alexandrie pour les malades de la garnison et ceux de la marine. Le service de ces hôpitaux fut établi d'après les règlements français au point de vue médical.

6° La partie administrative, représentée en France par le corps de l'Intendance, n'existait pas en Égypte, comme je l'ai dit plus haut, lorsque je fus appelé à l'organisation du service médical. La difficulté était grande, car, d'une part, les médecins doivent se borner à l'exercice de leur art et ne point s'occuper d'administration, et cependant l'un ne peut fonctionner sans l'autre : je fus donc obligé de créer une administration spéciale.

Ainsi un bureau central des hôpitaux fut établi au ministère de la guerre. Le chef, sous l'autorité du ministre, représentait un intendant et avait, sous sa juridiction, le personnel, le matériel de tout genre, la comptabilité et le contrôle général des hôpitaux et des ambulances régimentaires.

Ainsi encore, chaque hôpital avait son officier comptable, des adjoints, des écrivains et des infirmiers; chaque ambulance régimentaire, un officier d'administration, des écrivains et des infirmiers.

Quant au matériel, je l'appropriai pour les qualités, les quantités et la forme, aux besoins les plus urgents.

A ce système, se rattachaient les magasins centraux, une pharmacie et un laboratoire centraux et un bureau de révision des comptes pharmaceutiques.

Chaque bataillon fut pourvu de deux caisses d'ambulance, l'une contenant les médicaments et l'autre les instruments de chirurgie, les ustensiles, le linge, les appareils à pansements. L'approvisionnement fut fixé en raison du nombre approximatif des malades et calculé pour six mois.

Cette organisation était de la plus grande simplicité, et, sous ce rapport, se trouvait en harmonie avec l'administration générale. Bien qu'imparfaite, elle suffit sous Mohammed-Aly, aux besoins d'une armée de deux cent mille hommes presque constamment en campagne dans des contrées éloignées comme le Sennâr, l'Arabie, la Syrie.

L'administration médicale ne fut d'abord appliquée qu'à l'armée, et Mohammed-Aly ne songea que quelques années plus tard à donner des secours à la population.

Cependant le nombre des médecins était insuffisant. Je proposai d'établir un enseignement médical pour former des sujets nationaux. Ma proposition fut acceptée, et bientôt cette école fournit des médecins et des pharmaciens aux différents services.

Des bureaux de consultations gratuites furent aussi établis dans les villes du Caire et d'Alexandrie; l'autorisation fut donnée de recevoir des malades civils dans les hôpitaux militaires; des médecins et des pharmaciens furent placés dans le chef-lieu de chaque province où de petits hôpitaux civils furent aussi fondés; enfin on attacha même plus tard un médecin à chaque district. Ses fonctions consistaient à surveiller l'hygiène publique, à pratiquer la vaccination et à donner des secours aux malades.

Une École d'accouchement et une Maternité furent installées au Caire pour former des élèves sages-femmes, destinées à remplacer les ignorantes matrones du pays et à traiter en même temps les maladies des femmes et des enfants.

Il fallut donner une organisation à ce personnel médical entretenu aux frais du trésor public. Je crus ne pouvoir mieux faire que de suivre, pour le service civil, le même système qui avait présidé à l'installation du service militaire. Les mêmes grades et toutes les autres dispositions furent donc appliquées au personnel médical et au personnel administratif. En un mot, les règlements du service militaire furent adoptés et le matériel réglé d'une manière uniforme.

De nombreux avantages résultèrent de ce système, et d'abord la simplicité et l'économie.

Ainsi, les officiers de l'armée, de la marine et du service civil ne formèrent qu'un seul corps soumis à la même discipline, recevant le même traitement, ayant la même hiérarchie et les mêmes droits à la retraite; ce qui avait l'avantage de pouvoir faire passer les officiers de santé d'un service à l'autre selon le besoin.

Le Conseil général de santé eut la direction des deux services; le même formulaire fut suivi, le personnel et le matériel furent réglés de la même manière.

Tel était l'état du service médical sous le gouvernement de Mohammed-Aly. L'effet presque immédiat de cette organisation fut la cessation de la mortalité dans l'armée. Bientôt, l'état sanitaire s'améliorant de jour en jour, les maladies qui décimaient le corps de troupes devinrent moins intenses et plus rares. Naguère des affections meurtrières frappaient les habitants des provinces dépourvues entièrement d'officiers de santé. Des causes nombreuses d'insalubrité aggravaient encore cet état déplorable : plus de soixante mille enfants succombaient annuellement à la petite vérole. Le service médical des provinces, celui des médecins nationaux, la prescription rigoureuse des règles de l'hygiène, l'établissement de la vaccination dans la vallée du Nil tout entière, amenèrent en peu de temps une situation meilleure et produisirent, en un quart de siècle, un accroissement de plus d'un tiers de la population.

Mohammed-Aly mourut; son fils Ibrahim l'avait précédé au tombeau.

Le gouvernement de l'Égypte passa entre les mains d'Abbas-Pacha. Il ne m'appartient pas de tracer le portrait de ce prince : aujourd'hui l'inexorable histoire l'a jugé par ses propres actes. Je dois cependant rapporter ici quels furent ceux de ces actes qui atteignirent les institutions médicales que j'avais fondées.

Abbas-Pacha mit un acharnement systématique à détruire l'œuvre de son grand-père et surtout à effacer jusqu'aux dernières traces de ce qui pouvait rappeler les travaux des Français. Aussi le service médical, les Écoles de médecine et d'accouchement, etc., ne furent point épargnées; toutes les branches de cette administration furent mutilées. Mais un fait remarquable, c'est l'impuissance où se trouvèrent mes successeurs de dénaturer mon œuvre de vingt-cinq années ou de transformer les institutions qui existaient.

Je ne dirai plus qu'un mot sur cette triste période. En présence de la destruction de tout ce qui avait fait la gloire de Mohammed-Aly, j'eus la consolation de voir le docteur Ranzi, professeur à l'Université de Florence, le dernier de ceux qui furent appelés à me succéder sous Abbas-Pacha, avec toute la loyauté qui le caractérisait, me rendre hautement justice. Cet éminent professeur déclara qu'aucun système ne saurait remplacer celui qui avait été consacré par vingt-cinq années d'épreuves et de succès. Cette opinion, il la transmit par écrit à Abbas-Pacha, à Saïd-Pacha son successeur, et à moi-même dans une lettre que je puis exhiber au besoin.

A l'avénement du fils de Mohammed-Aly, après un séjour en France de cinq années, j'éprouvais le besoin de revoir l'Égypte. Son Altesse elle-même, désireuse de continuer l'œuvre de son auguste père, fit appel, dès mon arrivée, à ma vieille expérience. Mon dévouement pour le fils de mon illustre protecteur, le désir si naturel de voir revivre les institutions que l'on a fondées et aussi l'affection que j'ai vouée à l'Egypte, ma seconde patrie, me déterminèrent à renoncer au repos et à accepter la tâche aussi pénible que difficile de réorganiser le service médical civil et militaire et de reconstituer l'École de médecine. Je me mis aussitôt à ce travail, reprenant en sous-œuvre chaque branche du service, modifiant, d'après les circonstances nouvelles, les règlements anciens. La réduction opérée dans l'armée et dans la marine depuis Mohammed-Aly devait nécessairement restreindre mon cadre; il fallait surtout s'attacher à développer, à étendre l'administration médicale des provinces. Ce travail général de réorganisation me paraît avoir pour l'Égypte une importance telle, que j'ai cru devoir en faire le sujet d'une publication spéciale embrassant les règlements des divers services.

Épuisé par l'accomplissement de cette mission laborieuse, je me vis enfin obligé de résigner mes fonctions à cause du dépérissement de ma santé.

Rentré en France depuis 1858, je ne forme plus qu'un vœu, c'est de voir se continuer et s'améliorer l'œuvre qui a rempli toute mon existence, qui a produit tant de bien; car les institutions médicales ont fait faire un pas immense à la civilisation de l'Égypte. La grande nation dont l'heureuse influence a si admirablement secondé la régénération de ce beau pays, qui lui a prêté un concours si puissant, ne peut qu'attacher un vif intérêt à l'existence de ces institutions, puisqu'après avoir toujours été autant de foyers du progrès scientifique, elles sont, dans l'avenir, pour la vallée du Nil, les gages les plus certains de civilisation et de progrès.

LETTRE

A SON ALTESSE LE VICE-ROI

SUR LA RÉORGANISATION DU SERVICE DE SANTÉ.

ALTESSE,

Vous avez daigné confier à mon zèle et à mon expérience la réorganisation du service médical civil et militaire, ainsi que le rétablissement de l'hôpital d'instruction. Me pénétrant de la pensée de Votre Altesse, j'ai fait tout ce qui a été en moi pour remplir ses généreuses intentions.

Mon premier soin a dû être de désigner au choix de Votre Altesse les membres du Conseil de santé auquel la direction du service médical et pharmaceutique est confiée.

Il a été tenu compte, dans ce choix, des conditions spéciales qu'exigent ces fonctions importantes au point de vue de l'instruction et de l'expérience acquise dans les emplois élevés de la hiérarchie médicale, sans méconnaître les titres fondés sur l'ancienneté de service.

Il était juste que l'élément national fût représenté au Conseil de santé par des sujets choisis parmi ceux qui ont complété leurs études en Europe et y ont reçu des titres légaux.

Conformément aux vues de Votre Altesse, les attributions du Conseil de santé ont été séparées de celles de l'intendance sanitaire qui est une institution internationale. Celle-ci continue à siéger à Alexandrie, tandis que celui-là sera établi au Caire, où se trouvent actuellement les administrations centrales.

De concert avec les membres du Conseil de santé, j'ai examiné l'état de la situation au double point de vue du personnel et du matériel. Nous avons reconnu qu'un désordre affligeant régnait dans le service médical et en neutralisait les effets.

Le service militaire se trouvait confondu avec le service civil ; les médecins et les pharmaciens de grade supérieur étaient de beaucoup plus nombreux que ceux de grade inférieur; des irrégularités dans les traitements affectés aux mêmes grades existaient sans raison ; l'avancement avait lieu sans aucune règle et n'était appuyé ni sur le mérite ni sur l'ancienneté ; la hiérarchie et la subordination n'existaient plus ; l'École de médecine avait été supprimée et le service manquait des officiers de santé nécessaires ; les magasins centraux n'avaient pas été approvisionnés depuis cinq ans et se trouvaient complétement au dépourvu ; enfin la partie administrative, représentant l'intendance militaire, était tombée en désuétude, et l'armée se trouvait sans ambulances, sans infirmeries régimentaires.

Si les intentions philanthropiques de Votre Altesse et ses généreux sacrifices ont eu si peu de résultats, on ne saurait l'attribuer qu'à l'état déplorable et au désordre dont je viens de faire le tableau. Nous avons fixé des règles propres à satisfaire aux besoins du service. Le personnel existant a été réparti selon l'aptitude de chacun de ceux qui le composent, en ménageant, autant que possible, les intérêts du trésor et les droits acquis.

L'avancement ne pourra avoir lieu que de quatre ans en quatre ans. C'est le moyen d'éviter qu'à l'avenir la faveur ne l'emporte sur le mérite et l'ancienneté ; mais cet avancement n'en sera pas moins subordonné à la capacité, n'aura lieu qu'après des examens et s'il y a des postes vacants.

Afin que tout officier de santé connaisse les obligations qui lui sont imposées, l'étendue de ses attributions et ses devoirs de subordination, il a été délivré, aux fonctionnaires du service médical, des extraits des règlements relatifs à chaque grade.

L'École de médecine a été réorganisée sur les bases qui présidèrent, il y a trente ans, à sa fondation, en y introduisant les changements dont l'expérience avait fait reconnaître la nécessité. Elle fonctionne aujourd'hui avec toute la régularité désirable.

L'ancien formulaire médical, qui datait de plus de vingt-cinq ans, a été mis au niveau des progrès de la science par l'adjonction des nouvelles formules acquises à la thérapeutique.

Des états de demande ont été dressés pour que les magasins centraux soient fournis de tous les médicaments nécessaires au traitement des malades.

Enfin, comme complément de l'organisation, la partie administrative, sans laquelle le service médical proprement dit ne saurait fonctionner, a été établie.

Des hommes compétents ont prêté leur concours à l'élaboration de ce travail soumis ensuite à l'examen d'une commission de hauts fonctionnaires, qui ont examiné et discuté chaque point. Ce n'est qu'après ces contrôles qu'il a été présenté à la sanction de Votre Altesse.

Si la nouvelle organisation du service médical n'a pas été plus tôt réalisée, la cause de ce retard est due aux divers changements qui sont survenus dans l'administration générale.

Après avoir accompli, autant qu'il était en moi, la tâche dont Votre Altesse a bien voulu me charger, j'ose la supplier de m'accorder quelques mois de repos. J'ai la ferme confiance que, pendant mon absence, les membres du Conseil que Votre Altesse vient de récompenser si généreusement, dirigeront le service avec tout le zèle que leur imposent à la fois le devoir et la reconnaissance.

CLOT-BEY.

28 Ramasan 1273 (22 Mai 1857).

SERVICE MILITAIRE.

CHAPITRE PREMIER.

ORGANISATION DU SERVICE DE SANTÉ.

DU CONSEIL DE SANTÉ.

Décret du Vice-Roi en date du 3 zilkedjé 1272 (5 juillet 1856).

§ Ier. — Organisation et composition.

Article premier.

Le Conseil de santé se compose :

1° Du premier médecin du vice-roi, inspecteur général du service médical, président de droit;

2° Du vice-président, tenant la place de l'inspecteur général en son absence;

3° De quatre officiers de santé du grade d'inspecteur, dont deux Européens et deux nationaux, un de chaque profession. Le vice-président est pris parmi ces quatre membres.

Art. II.

En l'absence de l'inspecteur général, le Conseil de santé ne se trouvant formé que de quatre membres, le vice-président a voix prépondérante.

Art. III.

Il sera attaché au Conseil de santé deux secrétaires, dont l'un Européen et l'autre national, ainsi qu'un traducteur-interprète pour la langue arabe.

§ II. — Fonctions du Conseil de santé.

Art. IV.

Le Conseil dirige et surveille toutes les branches du service médical, civil et militaire, en tout ce qui concerne l'art de guérir.

Art. V.

Il tient correspondance avec les officiers de santé des hôpitaux, des corps de troupes et des provinces pour tout ce qui concerne l'exercice de la médecine et de la pharmacie.

Art. VI.

Il propose les moyens qu'il juge les plus convenables à l'amélioration du service de santé, et les plus propres à étendre les progrès de l'art et l'introduction de toutes les pratiques nouvelles.

Art. VII.

Il conseille la mesure générale d'hygiène et de salubrité à employer, et indique les précautions à prendre en temps d'épidémie et les moyens d'en atténuer les effets.

Art. VIII.

Il tient un registre-contrôle du personnel des officiers de santé où il inscrit toutes les notes qu'il est dans le cas de recueillir sur leur conduite et leur capacité, afin d'être toujours en état de fournir à l'administration supérieure les renseignements qu'elle peut lui demander à cet égard.

Art. IX.

Il examine les candidats, médecins ou pharmaciens qui demandent à être admis au service. Il juge de l'authenticité des titres présentés à l'appui de ces demandes.

ART. X.

Il propose aux emplois vacants, à l'avancement, et dispose des employés sous ses ordres, selon les besoins du service. Il rédige le programme des examens et des concours auxquels sont soumis les élèves de l'hôpital d'instruction, ainsi que les officiers de santé qui ont droit à l'avancement.

ART. XI.

Le Conseil de santé fait annuellement des inspections, soit par ses membres, soit par des inspecteurs qu'il délègue à cet effet. Ces inspections ont pour but de s'assurer de la marche régulière de toutes les branches du service de santé, et en même temps de faire subir des examens aux officiers de santé des grades inférieurs, pour entretenir parmi eux l'émulation nécessaire au bien du service, et aussi pour s'assurer qu'ils ne négligent pas de perfectionner leurs connaissances.

Indépendamment de ces inspections régulières, il y en aura d'indéterminées, toutes les fois qu'elles seront exigées par les besoins du service.

Le Conseil de santé inspecte fréquemment les dépôts pharmaceutiques, afin de s'assurer de la bonne tenue de ces établissements et de l'état des médicaments, des instruments et des ustensiles.

ART. XII.

Le Conseil de santé examine les rapports mensuels envoyés par les officiers de santé en chef des hôpitaux, des régiments, des provinces, etc.

ART. XIII.

Il surveille l'état et l'approvisionnement des dépôts pharmaceutiques, voit s'ils sont en raison des besoins du service, et dresse, sur les inventaires des magasins centraux, les états annuels des demandes pour l'approvisionnement de l'armée.

ART. XIV.

Il examine les nouveaux médicaments introduits dans la pratique médicale

ART. XV.

Il apprécie les demandes annuelles et semestrielles faites pour les hôpitaux et les ambulances.

ART. XVI.

Le Conseil de santé rédige le formulaire qui doit être suivi, et s'adjoint, pour l'accomplissement de ce travail, une commission de médecins et de pharmaciens.

ART. XVII.

En un mot, le Conseil de santé est l'autorité compétente qui juge et décide toutes les questions concernant le personnel et le matériel, et se rattachant aux différentes branches du service de santé civil et militaire.

§ III. — DES INSPECTIONS FAITES PAR LES MEMBRES DU CONSEIL DE SANTÉ.

Les membres du Conseil de santé sont chargés de faire annuellement des tournées sur tous les points où il y a des troupes en garnison, casernées ou campées. L'objet de ces inspections est mentionné dans les articles ci-après.

ART. XVIII.

Les membres du Conseil général de santé sont spécialement chargés de l'inspection des hôpitaux militaires, des corps de troupes et du personnel de santé.

ART. XIX.

Inspections des hôpitaux militaires. Locaux. — Examiner les locaux sous le rapport hygiénique, sous celui de leur distribution intérieure et de leurs convenances spéciales.

Pharmacie. — S'assurer que les approvisionnements sont tenus au complet et proportionés aux besoins; que les préparations sont faites conformément au formulaire; que la comptabilité est à jour, et justifier, par les relevés de visite, que les magasins d'approvisionnement sont en bon état.

Instruments de chirurgie. — Constater l'état de conservation et la propreté des instruments de chirurgie et s'ils sont au complet.

Contrôle des officiers de santé. — Examiner si les contrôles et les registres matricules des officiers de santé sont à jour.

Détails du service des salles de malades. — Si, conformément aux règlements, les officiers de santé de tous grades se rendent exactement à l'hôpital et si les visites du matin et du soir sont faites aux heures prescrites.

Tenue des cahiers de visite. — Si l'on se conforme aux règlements pour la tenue des cahiers de visite, pour les relevés généraux et particuliers, pour le classement des diverses espèces de malades, pour le personnel et pour la distribution des médicaments.

Appréciation des méthodes curatives. — S'assurer que les soins donnés aux malades ne laissent rien à désirer. A cet effet, l'inspecteur doit assister aux visites.

Art. XX.

Inspection des hôpitaux d'instruction. — L'inspecteur s'assure si les professeurs et les élèves se conforment aux règlements établis pour les diverses branches de l'enseignement.

Il se fait présenter les résultats des examens subis par chaque élève et les notes qu'ils ont méritées; il les interroge s'il le juge convenable, leur fait appliquer des bandages, pratiquer des opérations sur le cadavre; il leur fait faire des manipulations pharmaceutiques et chimiques ainsi que des expériences de physique; il les interroge au lit des malades.

L'inspecteur visite l'amphithéâtre, la bibliothèque, les cabinets de physique, d'histoire naturelle et d'anatomie ainsi que le laboratoire de chimie. Il s'assure surtout de l'entretien et de l'ordre.

Art. XXI.

Inspection médicale des corps de troupes. Casernes. — L'inspecteur s'enquiert de la salubrité, de l'état d'aération et de propreté. Il constate la situation du corps de garde, de la prison, de la salle de police, des cuisines et des latrines. Il s'assure de la bonne qualité des vivres et de l'eau ainsi que de la préparation des aliments.

Infirmerie régimentaire. — L'infirmerie régimentaire doit être plus particulièrement l'objet de son examen, quant à la position qu'elle occupe, la nature du local et la suffisance d'espace, si c'est sous la tente.

Art. XXII.

Inspection du personnel. — L'inspecteur apprécie consciencieusement l'âge, l'état physique, la tenue et la moralité des officiers de santé, la réputation dont ils jouissent, le dévouement avec lequel ils remplissent leurs devoirs. Il s'assurent de la capacité du chef du service. Quant aux officiers de santé subalternes, tels que les aides, les sous-aides, il les interroge ou leur fait appliquer des bandages, des appareils, en un mot il s'assure de leur capacité.

L'inspecteur s'informe si les officiers de santé attachés au corps de troupes en garnison dans les villes, fréquentent les hôpitaux; s'ils suivent les visites et les cliniques et assistent aux opérations qui sont pratiquées.

L'inspecteur est de tenu de faire les recommandations les plus précises aux officiers de santé sur la sévérité qu'ils doivent déployer dans le choix des recrues qu'ils sont appelés à visiter, afin de ne pas admettre des hommes invalides ou exempter ceux qui sont propres au service. C'est un devoir de conscience qu'ils ne sauraient violer sans perdre la considération, au point de vue de leur capacité, et si cette infraction résultait d'un coupable trafic, ils s'attireraient le déshonneur et le châtiment.

CONSTITUTION DU CORPS DES OFFICIERS DE SANTÉ.

Décret du Vice-roi en date du 25 chawal 1272 (28 juin 1856).

---

§ Ier. — Division du corps des officiers de santé.

Art. Ier.

Le corps médical se divise en deux branches : la médecine et la pharmacie.

Art. II.

Les officiers de santé pourront indistinctement passer du service civil au service militaire et *vice versa*.

§ II. — Des grades.

Art. III.

Les neuf grades suivants ont été établis pour exciter l'émulation et comme récompense du zèle et de la capacité.

GRADES.	ASSIMILATION.
Sous-aide.	Sous-lieutenant.
Aide.	Lieutenant.
Major de deuxième classe.	Capitaine en second.
Major de première classe	Capitaine en premier.
Principal de deuxième classe. . .	Adjudant.
Principal de première classe . . .	Chef de bataillon.
Inspecteur de deuxième classe . .	Lieutenant-colonel.
Inspecteur de première classe. . .	Colonel.
Inspecteur général	Général de brigade.

Ces grades sont communs aux médecins et aux pharmaciens nationaux ou étrangers.

ART. IV.

La subordination et la discipline seront les mêmes, pour les officiers de santé attachés au service civil, que pour ceux qui appartiennent au service militaire, suivant l'ordre hiérarchique des grades.

ART. V.

Les officiers de santé civils et militaires porteront l'uniforme affecté à leur grade respectif, sans aucune distinction que la plaque du tarbouche réservée à ceux qui font partie du service de l'armée.

Les professions seront distinguées par la couleur des collets et des parements : en velours rouge pour les médecins, en velours vert pour les pharmaciens. L'insigne sera le caducée médical. Dans aucun cas, les officiers de santé ne porteront l'épaulette.

ART. VI.

Nul ne pourra obtenir de l'avancement, c'est-à-dire passer dans le grade immédiatement supérieur, s'il n'a au moins quatre ans de services non interrompus, s'il ne justifie de sa capacité par des examens, et s'il ne donne des preuves de son zèle et de sa bonne conduite.

ART. VII.

Les officiers de santé parvenus au grade de major de première classe pourront passer aux grades supérieurs sans être soumis à des examens.

ART. VIII.

La possession d'un grade, pendant quatre ans, ne donne pas le droit à un avancement, s'il n'y a pas de poste vacant, par exemple. Néanmoins, pour les grades de sous-aide, d'aide et de major de deuxième classe, l'avancement pourra avoir lieu en remplissant les mêmes fonctions.

ART. IX.

L'avancement, pour les officiers de santé des deux professions et de chaque grade, ne pourra, en aucune circonstance, être changé ou modifié, à moins de quelque service signalé, exceptionnel. Les propositions à l'avancement seront toujours faites par le conseil général de santé et soumises à la sanction du vice-roi, le seul auquel appartiennent les nominations et les promotions.

§ III. — DU TRAITEMENT.

ART. X.

Le traitement, comme l'assimilation de l'une et de l'autre profession, sont réglés d'après les grades militaires correspondants, sans aucune exception. Tous les officiers de santé attachés aux corps de troupes reçoivent leurs rations en nature ; les officiers de santé, tant civils que militaires, attachés aux hôpitaux, aux provinces et aux autres établissements sédentaires, reçoivent l'équivalent de leurs rations en argent.

ART. XI.

Les officiers de santé qui feront partie de l'armée du Soudan recevront un tiers en sus du traitement affecté aux employés dans l'intérieur.

ART. XII.

Les officiers de santé de l'armée seront traités, en temps de guerre, comme les officiers militaires pour le logement, les vivres de campagne, montures, etc....

ART. XIII.

Le traitement ne variera jamais pour le même grade.

ART. XIV.

Les officiers de santé, envoyés en mission hors de l'Égypte, reçoivent un supplément de solde (le tiers); mais ce supplément n'est accordé que pendant le temps de la mission.

ART. XV.

Les officiers de santé, excédant le nombre exigé par les besoins du service, sont mis en disponibilité, avec jouissance du traitement affecté à cette situation pour les officiers et fonctionnaires qui se trouvent dans le même cas. Les aides, les sous-aides, les majors de deuxième classe, en disponibilité, sont tenus de suivre les cours de l'hôpital d'instruction. La solde de disponibilité sera enregistrée à l'hôpital d'instruction.

ART. XVI.

Les officiers de santé auront droit à la retraite telle qu'elle est fixée par les règlements en vigueur.

CHAPITRE II.

DEVOIRS ET ATTRIBUTIONS DES OFFICIERS DE SANTÉ.

§ I. Dans les hôpitaux.

Art. Ier.

Des officiers de santé en chef des hôpitaux. — Les officiers de santé du grade le plus élevé et le plus ancien prennent, chacun dans sa partie, le titre d'officiers de santé en chef de l'hôpital dans lequel ils sont employés.

Art. II.

Action des officiers de santé en chef d'un hôpital sur leurs subordonnés. — Les officiers de santé en chef d'un hôpital se concertent entre eux pour la répartition du service, ainsi que pour la désignation des chirurgiens et des pharmaciens qui doivent suivre les visites et faire les pansements.

Leur action sur le service curatif. — Les officiers de santé en chef des hôpitaux surveillent et dirigent les opérations de leurs subordonnés ; ils confèrent entre eux sur les cas difficiles et compliqués que présentent les maladies, et en général sur tout ce qui a rapport au perfectionnement du service de santé et à la salubrité.

Art. III.

Répartition des malades entre les officiers de santé. — Le médecin en chef d'un hôpital est spécialement chargé de répartir le service entre lui et ses subordonnés. Il donne des conseils aux médecins placés sous ses ordres, sur tout ce qui a trait à l'art de guérir en général et pour le traitement individuel qui présente des difficultés ou qui donne lieu à des observations intéressantes. Il veille à ce qu'aucun blessé, galeux ou vénérien ne soit placé dans la salle des fiévreux. Il fait isoler soigneusement les maladies contagieuses ou gangréneuses. Il veille aussi à ce qu'aucun fiévreux, vénérien ou galeux ne soit placé dans la salle des blessés.

Art. IV.

Des opérations chirurgicales, pansements, appareils. — Le médecin en chef pratique lui-même les opérations graves et difficiles. Il fait exécuter, sous sa direction, les opérations légères, surveille les pansements, quand il ne les fait pas lui-même ; il fait préparer, par un subordonné, les linges à pansements et tient la main à ce qu'il y ait toujours un certain nombre d'appareils disponibles pour les fractures, luxations et autres accidents graves.

ART. V.

Les officiers de santé doivent rester étrangers aux détails administratifs. — Les officiers de santé, quels que soient leur grade et leurs fonctions dans les hôpitaux, ne peuvent s'immiscer dans les détails administratifs.

Leur action sur les infirmiers. — Les officiers de santé n'ont d'ordres à donner aux infirmiers, qu'en ce qui concerne le service particulier des malades. S'ils ont des plaintes à porter contre eux, ils le font savoir à l'officier d'administration comptable.

ART. VI.

Régime alimentaire des malades. — Les officiers de santé chargés du traitement des malades ont seul le droit d'ordonner, chacun en ce qui le concerne, les remèdes et le régime alimentaire, en se conformant aux règlements. Il est expressément défendu à toute autre personne, quels que soient ses attributions et son grade, de s'opposer à l'exécution de leurs ordonnances et de rien prescrire sur cette partie du service.

ART. VII.

Punitions à infliger aux malades. — Les malades qui ont commis quelque faute, sont mis à la salle de police, lorsque les officiers de santé jugent que leur santé le permet. Ils peuvent, en outre, être punis par la privation d'une partie des boissons dont ils peuvent s'abstenir sans inconvénients.

ART. VIII.

Exécution du service. — La première règle, pour assurer un bon servive, c'est l'ordre, l'exactitude : l'exemple doit être donné par les chefs.

Visites. — Les officiers de santé, chargés du traitement des malades, doivent faire, chaque jour, deux visites, dans leur division respective : l'une le matin, l'autre le soir.

Heure et ordre des visites. — Les visites du matin commencent à six heures, du 1er avril au 30 septembre, et à sept heures du 1er octobre au 31 mai. Elles ont lieu plus tôt si le nombre des malades l'exige ; car il est nécessaire que la distribution des médicaments soit toujours terminée une heure au moins avant celle des aliments. Les visites du soir sont faites, aux heures jugées convenables, par l'officier de santé en chef.

ART. IX.

Prescriptions d'aliments et de médicaments. — Les prescriptions des aliments et des médicaments sont habituellement faites, à la visite du matin, sans préjudice des modifications qui peuvent être indiquées, à la visite du soir. Les médicaments portés au formulaire sont les seuls qui puissent être employés dans les hôpitaux.

ART. X.

Visites accidentelles, devoir du chirurgien de garde, à cet égard. — Indépendamment des visites du matin et du soir, les médecins chargés du service des salles en font d'autres toutes les fois que la gravité des maladies ou des blessures l'exige. Dans tous les cas urgents, le chirurgien de garde doit faire avertir l'officier de santé de la division, qui est tenu de se rendre, sans délai, à l'hôpital afin de donner les secours qui ne pourraient être différés sans danger.

ART. XI.

Consultations. — Les officiers de santé doivent s'aider, réciproquement, pour déterminer le traitement ou les opérations nécessaires. Dans ce cas, le résultat de la consultation est porté à la colonne d'observations du cahier de visite.

ART. XII.

Cahier de visite. — Les prescriptions, soit des médicaments, soit des aliments, faites par les officiers, pendant la visite, sont inscrites, immédiatement, sous leur dictée, dans les cahiers tenus, l'un par les médecins, l'autre par les pharmaciens sous-aides, chargés de suivre la visite. Ils les écrivent, en caractères lisibles, de manière qu'il ne puisse pas y avoir erreur.

Chaque division de malades a son cahier de visite; chaque malade y est désigné par son nom et par le numéro du lit qu'il occupe.

Les chirurgiens sous-aides, chargés de la tenue des cahiers, doivent avoir transcrit, avant la visite du médecin de la division, les numéros des lits et les noms des malades. Les notes concernant l'invasion et la nature de la maladie doivent l'être aussi, de manière qu'à la visite il n'y ait plus qu'à transcrire les prescriptions des médicaments et des aliments.

Les cahiers sont collationnés, tous les jours, à l'issue de la visite, afin de rectifier les erreurs qui peuvent être commises. Ils sont signés par les officiers de santé qui ont fait leurs visites.

Art. XIII.

Relevé des prescriptions alimentaires. — Immédiatement après la visite, le sous-aide qui l'a suivie dans chaque division, fait le relevé des prescriptions alimentaires. Ce relevé doit être daté et signé par l'officier de santé qui a fait les prescriptions, et remis à l'officier comptable, une heure au moins avant la distribution des aliments.

Art. XIV.

Relevé général des prescriptions alimentaires. — Au moyen des relevés des prescriptions alimentaires faits à chaque visite, les officiers de santé en chef établissent un relevé général sommaire, comprenant toutes les prescriptions alimentaires faites dans l'hôpital pendant le jour. Ce relevé est signé par le médecin en chef et remis au comptable, pour être produit comme pièce justificative à l'appui de l'état de consommation.

Art. XV.

Heure de la distribution des aliments. — La distribution des aliments est faite dans les hôpitaux, le matin à dix heures et le soir à quatre heures.

Art. XVI.

Ordre des distributions. — L'ordre des distributions d'aliments doit être établi de manière que chaque division de malade soit, à son tour, servie la première et que chaque malade, dans sa division, soit aussi servi le premier à tour de rôle.

Art. XVII.

Obligations des chirurgiens relativement aux distributions. — Les chirurgiens qui ont suivi les visites du matin font effectuer les distributions chacune dans sa division, le cahier à la main ; ils veillent à ce que chaque malade reçoive la portion qui lui a été permise, en ayant soin toutefois de diminuer ou de supprimer les aliments à ceux chez lesquels la fièvre ou d'autres accidents seraient survenus depuis la visite.

Art. XVIII.

Aliments non consommés. — Lorsque l'état d'un malade donne lieu à la diminution ou à la suppression des aliments qui lui avaient été prescrits, ces aliments non consommés restent à la dépense et sont portés en déduction au bas des cahiers de visite par les officiers de santé.

Art. XIX.

Ordre à suivre pour les pansements. — Les pansements doivent toujours être faits avant la visite du matin; ils sont renouvelés aussi souvent que le chirurgien en chef le juge convenable et exécutés par les ordres du sous-aide attaché aux divisions.

Art. XX.

Devoirs des chirurgiens à l'égard des pansements. — Les pansements ne doivent commencer que lorsque tous les appareils sont prêts, afin que les plaies ne restent pas exposées à l'impression de l'air.

Art. XXI.

Chirurgien de garde. — Le médecin en chef désigne, chaque jour, des chirurgiens sous-aides pour la garde. Il n'y en aura qu'un quand le nombre des malades n'excédera pas trois cents; deux, lorsqu'il y aura de trois à six cents malades. Dans les hôpitaux dont le mouvement n'est pas au-dessus de cinquante malades, il n'y aura pas de chirurgien de garde.

Dans les hôpitaux d'instruction, un élève peut être adjoint au chirurgien de garde, pour qu'il se forme à cette partie du service.

Service de garde. — Tous les chirurgiens et pharmaciens sous-aides concourent pour le service de garde. Leurs noms doivent être affichés, chaque jour, dans la salle de garde.

Fonctions du chirurgien de garde. — Les chirurgiens de garde reçoivent et font placer les malades, lors de leur entrée à l'hôpital, dans la salle qui convient au genre de maladie dont ils sont atteints, et timbrent le billet d'entrée d'un de ces mots : *fiévreux*, — *blessé*, — *vénérien*, — *galeux*. Lorsque l'officier de santé reconnaît une complication de maladie, le billet est timbré de l'indication de celle qu'il est le plus urgent de traiter.

Lorsque le chirurgien de garde pense que la maladie, indiquée sur le billet, n'est pas assez grave pour être traitée dans les hôpitaux et qu'elle peut l'être, sans inconvénients, dans les infirmeries régimentaires, il en rend compte à l'officier de santé en chef compétent, lequel décide, s'il y a lieu, d'expédier le militaire, le lendemain.

Le billet d'entrée est remis immédiatement par le chirurgien de garde à l'officier d'administration préposé aux entrées. Ce billet est signé dans le jour, par l'officier de santé en chef compétent.

Rapports des chirurgiens de garde. — Les chirurgiens de garde feront leur rapport sur tout ce qui s'est présenté pendant la durée de la garde.

Obligations des chirurgiens de garde en cas de décès. — Immédiatement après le décès d'un malade, dans un hôpital, l'infirmier major avertit le chirurgien de garde qui, après avoir constaté la mort, fait transporter le corps par les infirmiers dans les salles à ce destinées. Dans le cas où il y aurait des soupçons de mort violente, il en serait immédiatement rendu compte à l'officier comptable, et l'inhumation ne pourrait être faite qu'après qu'un officier de police et un médecin auraient dressé procès-verbal de l'état du cadavre et des circonstances qui y sont relatives.

Temps que doit durer le service de garde. — Les officiers de santé de garde entrent en fonction, le matin, à l'issue de la visite, jusqu'au lendemain à la même heure; pendant ce temps, il leur est expressement défendu de sortir de l'établissement où ils doivent dormir, habillés, afin d'être prêts au premier appel à porter des secours.

Les chirurgiens de garde doivent prendre leur nourriture à l'hôpital. A cet effet, ils reçoivent la portion entière des officiers, telle qu'elle est réglée par le tarif.

Tenue du chirurgien de garde. — Les chirurgiens de garde doivent toujours être en uniforme, pendant la durée de leur garde.

Art. XXII.

Usage du formulaire. — Les médecins des hôpitaux et des corps de troupe, ainsi que ceux des provinces, doivent se conformer, dans leurs prescriptions, au formulaire adopté. Il leur est interdit de formuler, à moins de cas très-graves où la nécessité les y obligerait.

Le formulaire est un guide sûr, au moyen duquel on évite les erreurs qu'on peut commettre dans les prescriptions. Il abrége le service, y établit l'uniformité et sert de base à la comptabilité.

§ II. — Dans les corps de troupes.

Art. XXIII.

Les médecins attachés aux corps de troupes sont chargés de veiller à la santé des militaires, de traiter à la caserne, dans les baraques ou sous la tente, les hommes atteints d'indisposition légère, comme la gale simple, les maladies vénériennes bénignes et les blessures sans gravité.

Il leur est expressément recommandé de ne point garder les malades graves à l'infirmerie ; ils doivent les faire transporter à l'hôpital.

Ils tiennent un registre sur lequel ils inscrivent le nom, le grade des hommes qui sont à l'infirmerie, le nom du bataillon ou escadron et batterie, ainsi que le genre de maladie, la date de l'entrée, celle de la sortie et leurs observations sur le traitement.

Un caporal ou brigadier, hors rang, est attaché à l'infirmerie et y fait exécuter les ordres des médecins.

ART. XXIV.

Les officiers de santé des corps soumettront au colonel, lieutenant-colonel ou chef de bataillon leurs observations sur tout ce qui intéresse l'hygiène des troupes, comme la salubrité des casernes, l'espacement des lits, la ventilation et la propreté.

ART. XXV.

Hiérarchie des officiers de santé attachés aux mêmes corps. — La hiérarchie des officiers de santé attachés aux mêmes corps de troupes est établie sur ce principe de la discipline militaire : que le subordonné doit obéir à son supérieur en tout ce que celui-ci lui commande pour l'exécution des règlements et le bien du service.

En principe, le classement des officiers de santé dans les corps est réglé comme suit :

Le médecin major doit être au attaché premier bataillon ; le plus ancien aide-major, au deuxième ; le plus jeune au troisième et au quatrième.

Lorsqu'il y a un bataillon détaché, le plus ancien aide-major doit l'accompagner, comme étant le plus capable d'en diriger le service médical.

ART. XXVI.

Visites journalières à la caserne. — Tous les matins, le médecin major fait sa visite à la caserne, après avoir pris, au corps de garde, le billet que les sergents-majors ou les maréchaux de logis en chef y ont déposé, pour lui indiquer les hommes qui réclament ses soins et ceux qui sont rentrés, la veille, des hôpitaux. Dans sa tournée, il observe ce qui intéresse la salubrité des chambres. Le médecin-major visite également la salle de police et la prison ; il envoie à l'hôpital ou à l'infirmerie ceux qui sont malades.

ART. XXVII.

Visites médicales pendant la nuit. — Si, dans la nuit, le médecin-major est averti que quelqu'un a besoin de prompts secours, il doit s'y rendre ou y envoyer l'aide des bataillons respectifs. Lorsque le régiment occupe plusieurs casernes, le médecin-major se réserve la visite du quartier principal. Il envoie dans les autres ses aides qui lui rendent compte.

La visite terminée, il rend compte au lieutenant-colonel ou au chef de bataillon de semaine; il lui propose les mesures d'hygiène qu'il croit utiles, demande la sortie des prisons des hommes qu'il pense n'y pouvoir rester sans préjudice pour leur santé.

ART. XXVIII.

Visites des cuisines. — Il visite fréquemment les cuisines, examine la qualité des aliments, la propreté des ustensiles, le bon état de l'étamage de ceux qui sont en cuivre.

ART. XXIX.

Rapports journaliers. — A l'heure fixée pour le rapport, le médecin-major se réunit aux autres officiers, pour rendre compte de son service au lieutenant-colonel ou au chef de bataillon qui le remplace.

ART. XXX.

Officiers malades. — Lorsqu'un officier est malade, le médecin-major doit en rendre compte au lieutenant-colonel et au chef de bataillon.

Exemption du service. — Aucun homme n'est exempt du service pour cause de maladie ou d'accident, que sur un certificat du médecin-major ou d'un de ses aides. Le certificat n'est donné qu'après un examen scrupuleux et jamais pour plus de quatre jours, sauf à le renouveler.

ART. XXXI.

Visites aux hôpitaux. — Le médecin-major du corps visite, deux fois par semaine au moins, les malades du régiment qui sont dans les hôpitaux. Dans cette visite, il doit prendre connaissance du traitement des malades de son corps et assister aux opérations qu'ils seraient dans le cas de subir; mais il n'a que voix consultative pour la direction du traitement.

ART. XXXII.

Indication du logement. — Lorsque les médecins ne sont pas logés dans la caserne, l'indication de leur logement et les heures où ils sont chez eux sont affichées aux corps de garde de police.

ART. XXXIII.

Soins gratuits. — Le médecin-major d'un corps de troupes doit gratuitement ses soins à tous les individus.

ART. XXXIV.

Visite des recrues. — Le médecin-major constate, sous sa responsabilité, l'aptitud edes hommes qui se présentent pour servir dans le régiment. Lorsqu'il arrive des recrues, le médecin-major les visite avec soin, pour constater si les individus sont propres au service. Lorsqu'un homme présente des infirmités, il en fait son rapport au chef du corps ou à celui qui le remplace. Quant aux recrues qui sont admises, il s'assure que les soldats ont eu la variole ou qu'ils ont été vaccinés. Dans le cas contraire ou dans le doute, il pratique la vaccination.

ART. XXXV.

Registre tenu à cet effet. — Le médecin-major tient registre des observations qu'il a faites sur les recrues présentées et en rend compte, par écrit, au lieutenant-colonel qui l'adresse au colonel.

ART. XXXVI.

Visite des individus en permission ou en congé. — Les hommes rentrant de l'hôpital, de permission ou de congé sont visités par un médecin du corps, le jour même de leur arrivée, pour constater l'état de leur santé. Il envoie à l'infirmerie ceux qu'il trouve atteints de maladies curables.

ART. XXXVII.

Visite des hommes réformés. — Les hommes qui quittent le corps pour cause de réforme ou de retraite, doivent être visités, avant leur renvoi, et ceux atteints de gale ou de maladies vénériennes, seraient traités, avant leur départ, afin qu'ils arrivent chez eux dans le meilleur état de santé possible.

ART. XXXVIII.

Visites sanitaires. — Le médecin-major fait, tous les mois au moins, une visite individuelle des brigadiers, des caporaux et des soldats, pour reconnaître ceux qui seraient atteints de maladies vénériennes ou cutanées, et en empêcher la propagation.

ART. XXXIX.

Bains. — L'usage des bains de propreté constitue une partie essentielle de l'hygiène des troupes. En toutes saisons, les soldats seront conduits aux bains, une fois par mois. Ces bains seront pris dans un fleuve, dans un canal ou à la mer.

ART. XL.

Vaccination. — Les médecins des camps sont tenus de vacciner les hommes qui ne présenteraient pas de traces matérielles de variole ou de vaccination.

ART. XLI.

Médecins présents aux exercices et aux manœuvres. — Le médecin-major ou l'un de ses aides, doit assister aux exercices, muni de sa giberne chirurgicale. Il doit être constamment accompagné d'un infirmier porteur d'un havre-sac d'ambulance contenant les objets indispensables pour donner les premiers secours, en cas d'accident.

Lorsque tout le régiment est sous les armes, s'il y a des évolutions, des exercices à feu, tous les officiers de santé du corps doivent y assister avec leur giberne chirurgicale et les havre-sacs d'ambulance.

ART. XLII.

Giberne des officiers de santé. — Les officiers de santé des corps sont tenus de se munir, à leurs frais, en temps de paix comme en temps de guerre, d'une giberne conforme au modèle prescrit. Cette giberne renferme la trousse garnie des instruments de chirurgie et composée également selon le modèle. Elle complète l'équipement des officiers de santé militaire de leur grade.

Les officiers de santé sont tenus de porter cette giberne, lorsqu'ils sont de service.

ART. XLIII.

Des fournitures d'ambulance. — Dans chaque bataillon d'infanterie, il doit y avoir un havre-sac d'ambulance contenant les objets nécessaires en médicaments et pour les pansements, objets indispensables pour donner les premiers secours en cas d'indisposition subite, d'asphyxie ou de blessure soit en marche, soit dans les manœuvres ou devant l'ennemi.

ART. XLIV.

Sacoches d'ambulance pour les régiments de cavalerie. — Les sacoches d'ambulance, pour les régiments de cavalerie, contiennent les mêmes objets que les havre-sacs d'ambulance pour l'infanterie.

Art. XLV.

Devoirs des officiers de santé, en route, dans l'intérieur. — Lorsque le régiment en entier ou seulement l'un de ses bataillons se met en marche, le médecin-major désigne ceux des militaires qui ne peuvent faire la route à pied, et ceux qui, pouvant marcher, sont trop faibles pour porter leur sac, leur équipement et leurs armes. Il en donne la note au lieutenant-colonel ou au chef de bataillon qui pourvoit à leur moyen de transport.

Art. XLVI.

Cas où le médecin-major du régiment est absent. — En cas d'absence du médecin-major d'un corps de troupes, l'autorité immédiate, en ce qui est relatif au service, appartient, de droit, à l'aide major le plus ancien en grade.

Art. XLVII.

Port-d'armes. Tout officier de santé, revêtu de son uniforme, a droit au port d'armes; à la présentation des armes, s'il est d'un grade supérieur.

Art. XLVIII.

Dépendance des officiers de santé des chefs militaires. — Les officiers de santé, de tous grades, dépendent de l'autorité militaire, sous le rapport de l'ordre public et de la discipline, comme tous les autres officiers. Ils sont subordonnés au colonel, lieutenant-colonel ou officiers commandant en leur absence. Les aides-majors le sont, en outre, au commandant du bataillon ou du détachement dont ils font spécialement le service.

Art. XLIX.

Nomination des officiers de santé mise à l'ordre du jour. — Punitions. — La nomination des officiers de santé, dans les corps de troupes, est mise à l'ordre du jour. Les punitions infligées aux officiers de santé des corps, pour faute contre discipline sont : la réprimande, les arrêts simples, les arrêts de rigueur. Un officier de santé peut être mis aux arrêts simples par un officier d'un grade supérieur au sien ou même égal, si ce dernier est plus ancien et s'il est chef de service.

Réprimandes. — La réprimande a lieu en présence d'un ou de plusieurs officiers de santé réunis à cet effet. Elle peut être faite au médecin-major par le colonel.

Arrêts simples. — Un officier de santé, aux arrêts simples, n'est exempt d'aucun service; il est tenu de garder la chambre ou la tente, sans recevoir personne, excepté pour affaire de service. La durée des arrêts simples ne peut excéder huit jours.

Arrêts de rigueur. — Les arrêts de rigueur ne peuvent être infligés au médecin-major que par le général commandant la brigade ou par le colonel. Cette punition suspend toutes les fonctions; elle oblige l'officier de santé puni à remettre son épée, à payer la sentinelle, lorsqu'il est nécessaire d'en placer une. Il lui est fait, par cette raison, une retenue journalière du cinquième de ses appointements. Les arrêts peuvent être ordonnés, de vive voix, ou par un billet cacheté qui indique le jour de leur expiration.

Art. L.

Permissions pour s'absenter des corps. — Les médecins-majors ne peuvent faire des absences de courte durée qu'en vertu d'une permission accordée par le colonel ou l'officier qui le remplace. Mais, dans le cas où il l'obtient, il doit désigner celui des aides qui le remplacera. Cette permission ne doit pas excéder huit jours, et elle doit être donnée par écrit. Quant aux aides-majors qui seraient dans le cas de demander une permission, ils doivent la solliciter par l'intermédiaire du médecin-major qui, seul, est à même d'apprécier s'il n'y a pas d'inconvénients à ce qu'elle soit délivrée. Dans le cas où elle serait accordée, le médecin-major pourvoirait à ce que le service du bataillon fût fait par un aide-major ou par lui-même.

Art. LI.

Congés de longue durée. — Les congés se divisent en : congés pour vaquer à des affaires particulières et congés de convalescence.

Avant d'accorder les congés aux officiers de santé, on doit examiner s'ils peuvent être donnés sans inconvénients pour le service.

Les congés de longue durée sont d'un mois à six. Ils ne peuvent être accordés qu'en vertu d'une autorisation ministérielle. Ils doivent être sollicités auprès du conseil de santé qui adresse la demande, s'il le trouve convenable, à l'autorité supérieure.

Tout congé qui excède un mois, entraîne la perte de la moitié de la solde et de la totalité des rations pendant tout le temps de sa durée.

Les demandes de congés pour cause de convalescence, doivent être accompagnées du certificat de visite et de celui de contre-visite faite par les membres du conseil de santé. Ils sont ordinairement fixés à six mois au plus. Ceux qui les obtiennent, encourent la retenue de la moitié de la solde et de la totalité de leurs rations, pendant toute la durée de leur congé.

Il n'appartient qu'au vice-roi d'accorder, exceptionnellement, la paye entière pour de graves maladies, survenues après de longs services.

CHAPITRE III.

DES MAGASINS D'APPROVISIONNEMENTS.

Les magasins centraux de médicaments, ustensiles, denrées, instruments de chirurgie, en un mot du matériel de tout genre pour les hôpitaux, les régiments, les corps de troupes, les provinces, etc., ainsi que le laboratoire central, seront transférés à Alexandrie.

Le Nazir de ces magasins sera responsable envers le gouvernement de tout le matériel existant sous sa juridiction; il devra en rendre compte et ne pourra rien délivrer que sur des demandes faites par les pharmaciens en chef des hôpitaux ou des corps d'armée, ou encore par les nazirs de ces mêmes corps. Ces demandes seront visées par le Conseil de Santé et ordonnées par l'autorité compétente.

Magasins d'Approvisionnements

Papeterie Gallin Fusellier, r. de Condé 3 — Lith. Caron.

Classification	Dénomination	Quantités nécessaires pour un Hôpital de : 50 malades	100 malades	200 malades	300 malades	400 malades	500 malades	Pour une Ambulance de 10 à 15 malades.	Observations. concernant les Ambulances.	Observations Générales.
Racines.	Gentiane Grammes	288	576	1152	1728	2314	2880	″		Lorsque les hôpitaux seront
	Grenadier ″	576	1152	2304	3458	4608	5760	″		occupés pour un certain temps,
	Ipecacuanha pulv. ″	144	288	576	864	1152	1440	6	pulvérisé en paquets de 5 grains	par plus de 500 malades, les
	Jalap d°. ″	144	288	576	864	1152	1440	12	d°. en paquets de 20 grains	demandes seront réglées ; en
	Patience ″	″	″	″	″	″	″	″		ajoutant en sus des quantités
	Reglisse pulv. ″	144	288	576	864	1152	1440	″		de la colonne qui se rapporte
	Rhubarbe d°. ″	144	288	576	864	1152	1440	6	En paquets de 4 grains	à ce chiffre, celles des autres
	Salsepareille ″	1728	3456	6912	10368	13824	17280	″		colonnes nécessaires pour com-
	Seille pulv. ″	96	192	384	576	768	960	″		pléter l'approvisionnement
	Tormentille ″	288	576	1152	1728	2304	2180	″		en raison du nombre des
	Valériane ″	72	144	288	432	576	720	″		malades excédants.
Bois.	Gayac rapé ″	5760	11520	23040	34560	46080	57600	″		
	Quassia amara ″	144	288	576	864	1152	1440	″		
Écorce.	Canelle pulv. ″	24	48	96	144	192	240	″		
	Grenade ″	288	576	1152	1728	2304	2880	″		
	Quina jaune ″	1152	2304	4608	6912	9216	11520	″		
	Simaruba ″	288	576	1152	1728	2304	2880	48	incisée	
	Mosenna ″	288	576	1152	1728	2304	2880	″		
Feuilles.	Digitale ″	48	96	192	288	384	480	3	pulvérisée en paquets de 2 grains	
	Guimauve (althea) ″	576	1152	2304	3456	4608	5760	″		
	Menthe ″	″	″	″	″	″	″	″		
	Orangers ″	144	288	576	864	1152	1440	″		
	Romarins ″	″	″	″	″	″	″	″		
	Sauge ″	288	576	1152	1728	2304	2880	″		
	Séné mondé ″	576	1152	2304	3456	4608	5760	144		
	Tabac ″	96	192	384	576	768	960	″		
	Thé noir ″	48	96	192	288	384	480	24		
	Camomille Romaine ″	96	192	384	576	768	960	″		
	d°. Vulgaire ″	576	1152	2304	3456	4608	5760	48		

Classification	Dénomination		Quantités nécessaires pour un hôpital de : 50 malades	100 malades	200 malades	300 malades	400 malades	500 malades	Pour une ambulance de 10 à 15 malades.	Observations. Concernant les ambulances.	Observations Générales.
Fleurs	Centaurée	Grammes	96	192	384	576	768	960	"		
	Guimauve	"	96	192	384	576	768	960	"		
	Roses rouges	"	96	192	384	576	768	960	"		
	Safran	"	24	48	96	144	192	240	"		
	Sureau	"	576	1152	2304	3456	4608	5780	"		
Semences	Semen contra	"	48	96	192	288	384	480	"		
	Anis verts	"	"	"	"	"	"	"	"		
	Amandes douces	"	"	"	"	"	"	"	"		
	Lin	"	7200	14400	28800	43200	57600	73000	144		Dans les grands hôpitaux les aman[illegible] seront fournies par le [illegible] au fur[illegible] et à mesure des besoins.
	Moutarde	"	7200	14400	28800	43200	57600	72000	576		Calculé à raison de 2 onces pa[illegible] jour pour 50 malades.
	Poivre cubèbe	"	144	288	576	864	1152	1440	"	pulvérisé	
Fruits.	Tamarins	Gr.	8640	17280	34560	51840	69120	86400	"		
	Têtes de pavots	"	144	288	576	864	1152	1450	"		
Bolets, lichens excroissances	Agaric de Chêne (amadou)	"	72	144	288	432	576	720	72	sans nitre	
	Lichen d'Islande	"	144	288	576	814	1152	1450	"		
	Noix de galles	"	96	192	384	576	768	960	"		
Sucre & Sucs sucrés.	Sucre raffiné ordre	"	7200	14400	28800	43200	57100	92000	1152		
	Miel	"	5184	10368	20736	31104	41472	57840	288		
	Manne en sorte	"	2304	4608	9216	13824	18432	23040	288		
Gomme	Gomme arabique	"	14400	28800	57600	86400	115200	144000	576		
Gommes résines	Aloës	"	24	48	96	144	192	240	"		
	Ammoniaque	"	"	"	"	"	"	"	"		
	Assa fœtida	"	24	48	96	144	192	240	"		
	Myrrhe	"	"	"	"	"	"	"	"		
	Scamonée d'Alep	"	24	48	96	144	192	240	"		
Résines	Poix noire	"	"	"	"	"	"	"	"		
	d° de résine	"	"	"	"	"	"	"	"		
Oléo-Résines	Baume de Copahu	"	144	288	576	864	1152	1440	144		
	Térébenthine	"	72	144	288	432	576	720	"		

Classification	Dénomination		Quantités nécessaires pour un hôpital de : 50 malades	100 malades	200 malades	300 malades	400 malades	500 malades	Pour une ambulance de 10 à 15 malades	Observations. Concernant les Ambulances.	Observations Générales.
Huiles fines	Cire jaune	Gram.s	48	96	192	288	384	480	24		
	Huile d'olives	"	1440	2880	5760	8640	11520	17280	288		
	d°. de Résine	"	720	1440	2880	4320	5760	7200	"		
Huiles volatiles	Camphre	"	48	96	192	288	384	480	48		
	Menthe poivrée	"	"	"	"	"	"	"	"		
	Térébenthine	"	72	144	288	432	576	720	"		
Substances animales	Axonge ou suif (graisse)	"	"	"	"	"	"	"	"		fournies par les Razzia.
	Cantharides en poudre	"	48	96	192	288	384	480	"		
	Eponges fines	"	48	96	192	288	384	480	24		
	d°. préparées à l'eau	"	12	24	48	72	96	120	"		
	d°. d°. à la cire	"	12	24	48	72	96	120	"		
	Ichthyocolle	"	"	"	"	"	"	"	"		
Extraits de	Monésia	"	6	12	24	36	48	60	"		
	Lactuarium	"	6	12	24	36	48	60	"		
Substances minérales.	Souffre en poudre lavé	"	288	576	1152	1728	2304	2880	576		
	Sulfure d'antimoine	"	"	"	"	"	"	"	"		
Produits de la fermentation	Vin rouge	"	576	1172	2304	3456	4608	5760	"		
	Vinaigre	"	1152	2304	4608	6912	9216	11520	288		
	Alcool à 33°	"	576	1152	2304	4608	6912	9216	576		
Médicaments composés.	Alcool camphré	"	1728	3456	6912	10368	13824	17280	864		
	Colyre de Luxor	"	288	576	1152	1728	2304	2880	144		
Poudres	Colyre sec	"	36	72	144	216	288	360	12		
	Mercures gommeux	"	144	288	576	864	1152	1440	48	En paquets de 4 grams représentant chacun une pilule.	
	Poudre de Dorrer	"	48	96	192	280	384	480	"		
Electuaires	Diascordium	"	72	144	288	432	576	720	"		
Extraits de	Cachou	"	"	"	"	"	"	"	"		
	Belladona	"	12	24	48	72	96	120	12		
	Ciguë	"	12	24	48	72	96	120	"		
	Jusquiame	"	12	24	48	72	96	120	"		

Classification	Dénomination	Quantités nécessaires pour un hôpital de: 50 malades	100 malades	200 malades	300 malades	400 malades	500 malades	Pour une ambulance de 10 à 15 malades	Observations: Concernant les ambulances	Observations Générales
Extraits de	Opium brut Gram.es	"	"	"	"	"	"	"		
	Opium gommeux "	24	48	96	144	192	240	3	en pilules de 1 grain.	
	Réglisse "	2880	5760	11520	17520	23040	28800	288		
Teintures Alcooliques	Cannelle pulv.ée "	72	144	288	432	576	720	"		
	Cantharides pulv.ées "	72	144	288	432	576	720	24		
	Digitale d.o "	48	96	192	288	384	480	"		
	Iode "	72	144	288	432	576	720	"		
	Gentiane "	"	"	"	"	"	"	"		
	Scill.e en poudre "	48	96	192	288	384	480	"		
	Laudanum liquide "	144	288	576	864	1152	1440	24		
	Teint.re d'Opium "	576	1152	2304	3456	4608	5760	48		
Alcoolats de	Moutarde "	96	192	384	576	768	960	24		
	Laurier cerise "	"	"	"	"	"	"	"		
	Menthe poivrée "	12	24	48	72	96	120	12		
Eaux distillées et Eaux aromatiq.s	Eau distillée "	2880	5760	11520	17280	23040	28800	288		
	d.o de fleurs d'orangers "	144	288	576	864	1152	1440	"		
	d.o de Laurier cerise "	144	288	576	860	1152	1440	48		
	d.o de Menthe poivrée "	"	"	"	"	"	"	"		
Acides	Acétique "	48	96	192	288	384	480	"		
	Hydrochlorique "	72	144	288	432	576	720	"		
	Nitrique "	72	144	288	432	576	720	12		
	Sulfurique "	576	1152	2304	3456	4608	5760	"		
	d.o alcoolisé (liq.r moderne) "	576	1152	2304	3456	4608	5760	288		
Ethers	Chloroforme "	36	72	144	288	288	360	48	pulvérisé pour l'ambulance.	
Oléo. Cérats	Onguent simple "	5760	11520	23040	34560	46080	57600	"		Dans les grands hôpitaux d'Alexandrie et du Caire, l'o... simple sera pris par tiers de cette quantité chaque deux mo[is]
Pommades	Mercurielle double "	576	1152	2304	3456	4608	5760	96		
	Souffrée "	7200	14400	28800	43200	57600	72000	2304		
	Ophtalmique "	"	"	"	"	"	"	"		
	Noire pour la teigne "	864	1728	3456	5184	6912	8640	576		

Classification	Dénomination	Quantités nécessaires pour un hôpital de : 50 malades	100 malades	200 malades	300 malades	400 malades	500 malades	Pour une ambulance de 10 à 15 malades.	Observations. Concernant les ambulances.	Observations Générales.
Emplâtres	Vésicatoires	288	576	1152	1728	2304	2880	576		
	de Cigüe	"	"	"	"	"	"	144		
	Diachylon gommé	"	"	"	"	"	"	"		
	De mercure	"	"	"	"	"	"	"		
Sparadraps	Diachylon	1152	2304	4608	6912	9211	11,520	"		
Taffetas d'Angre	Mercuriel	144	288	576	864	1152	1440	1152		
Agglutinatifs	Taffetas d'Angleterre	2	4	8	12	16	20	144		
Préparations Chimiques et Sels.	Acétate de plomb	144	288	576	864	1152	1440	6		
	Sousacétate de plomb	1728	3456	6912	10,368	13824	17.280	24		
	Ammoniaque	288	576	1152	1728	2304	2880	288		
	Borax	"	"	"	"	"	"	240		
	Sous carbonate d'ammoniaque	"	"	"	"	"	"	"		
	d°. de Magnésie	72	144	288	432	576	720	"		
	d°. de potasse purifiée	"	"	"	"	"	"	"		
	d°. de soude d°.	"	"	"	"	"	"	"		
	Bi-carbonate de soude	72	144	288	432	576	720	"		
	Beurre d'antimoine	12	24	48	72	96	120	"		
	Sublimé corrosif	6	12	24	36	48	60	"		
	Mercure doux	12	24	48	72	96	120	"		
	Hydriodate de potasse	24	48	96	144	192	240	6	en paquets de deux grains.	
	Sel ammoniaque	"	"	"	"	"	"	"		
	Kermès	12	24	48	72	96	120	"		
	Iode	12	24	48	72	96	120	3	en paquets de trois grains.	
	Nitrate d'argent fondu	24	48	96	144	192	240	"		
	d°. de Mercure	24	48	96	144	192	240	6		
	d°. de potasse	288	576	1152	1720	2304	2880	"		
	Sous carbonate de magnésie	36	72	144	216	288	360	24		
	Oxyde de Magnésie calciné	72	144	288	432	576	720	"		
	Précipité rouge	96	192	384	576	768	960	"		

Classification	Dénomination	Quantités nécessaires pour un hôpital de : 50 malades	100 malades	200 malades	300 malades	400 malades	500 malades	Pour une ambulance de 10 à 15 malades	Observations concernant les ambulances.	Observations Générales.
Préparations Chimiques et Sels	Litharge	"	"	"	"	"	"	"		
	Savon Médicinal	48	96	192	288	384	480	.		
	Alun	72	144	288	432	576	720	24		
	Poudre de vienne	6	12	24	36	48	60	6		
	Pierre à cautère	6	12	24	38	48	60	6		
	Alun calciné	48	96	192	288	384	480	24		
	Sulfate de cuivre	36	72	144	216	288	360	12	En Cylindres.	
	d° de fer	72	144	288	432	576	720	"		
	d° de Magnésie	1152	2314	4608	6912	9216	11.520	288		
	d° de Quinine	48	96	192	288	384	480	12	En paquets de deux grains.	
	d° de Zinc	72	144	288	432	576	720	24		
	Sulfure de Mercure	"	"	"	"	"	"	"		
	d° de potasse	1152	2304	4608	6912	9216	11.520	"		
	Crême de tartre	"	"	"	"	"	"	"		
	d° Soluble	1152	2304	4608	6912	9216	11.520	288		
	Émétique	48	96	192	288	384	480	6	En paquets de trois grains.	
	Tanin pur	6	12	24	36	48	60	"		
	Eau oxigénée	48	96	192	288	384	480	"		
	Collodium	48	96	192	288	384	480	"		
	Fer réduit par l'hydrogène	6	12	24	36	48	60	"		
	Glycerine	24	48	96	144	192	240	"		
	Iodure d'amidon	48	96	192	283	384	480	"		
	Lactate de fer	12	24	48	72	96	120	"		
	Tartrate de Magnésie	144	288	576	864	1152	1440	"		
	Huile iodée de personne	144	288	576	864	1152	1440	"		
	Valérianate de Quinine	12	24	48	72	96	120	"		
	d° de Zinc	6	12	24	36	48	60	"		
	Strichnine	"	"	"	"	"	"	"		
	Morphine	"	"	"	"	"	"	"		

Classification	Dénomination	Quantités nécessaires pour un hôpital de : 50 malades	100 malades	200 malades	300 malades	400 malades	500 malades	Pour une ambulance de 10 à 15 malades	Observations : Concernant les ambulances	Observations Générales
Chirurgie	Aiguilles	25	30	40	50	60	75	12		
	Épingles	200	300	400	500	600	700	100		
	Fil tordu	96	144	192	288	432	576	72		
	Coton filé	96	144	192	288	432	576	12		
	Rubans de fil ou de coton	144	192	288	432	576	864	144		
	Attelles à fracture de bras	12	16	24	32	40	48	4		
	d° d'avant bras	12	16	24	32	40	48	4		
	d° de cuisse	12	16	24	32	40	48	4		
	d° de jambe	12	16	24	32	40	48	4		
	Palettes assorties à mains et à pieds	6	10	16	20	24	32	4		Les bandes, compresses, etc. étant confectionnées dans les hôpitaux avec le vieux linge et fournies par les Nazirs en raison des besoins il n'est pas spécifié ici les quantités à demander.
	Bandes de toile de coton	"	"	"	"	"	"	144		
	Compresses grandes	"	"	"	"	"	"	144		
	Bandage de corps	"	"	"	"	"	"	6		
	Linge carré p[r] plaies de tête	"	"	"	"	"	"	12		
	Écharpes	"	"	"	"	"	"	6		
	Suspensoirs	6	12	15	20	25	30	6		
	Charpie	"	"	"	"	"	"	2880		
	Coton cardé	48	72	96	144	192	288	24		
	Charpie anglaise	"	"	"	"	"	"	576		
	Carton en feuilles	"	"	"	"	"	"	6		Même observation que dessus.
	Étoupe fine	1152	2384	4618	6912	9460	11520	576		
	Bandages doubles	2	3	4	5	6	8	2		
	d° droits	2	3	4	5	6	8	2		
	d° gauches	2	3	4	5	6	8	2		
	Sonde œsophagienne	"	"	"	"	"	"	"		
	d° en gomme élastique	6	8	12	16	20	24	6		
	Bougie d°	6	8	12	16	20	24	6		
	d° en boyau	6	12	20	25	30	40	6		
	Ciseaux droits	"	"	"	"	"	"	"		

Classification	Dénomination	Quantités nécessaires pour un Hôpital de : 50 malades	100 malades	200 malades	300 malades	400 malades	500 malades	Pour une ambulance de 10 à 15 malades.	Observations. Concernant les ambulances.	Observations Générales
Chirurgie.	Cuissarts gauches	"	"	"	"	"	"	"		
	Jambes en bois (droites)	"	"	"	"	"	"	"		
	d° d° (gauches)	"	"	"	"	"	"	"		
	Caisse d'appareil	1	2	3	4	5	6	"		
	d° d'instruments complets	1	1	1	1	1	1	"		
	d° pour Bataillon	"	"	"	"	"	"	"		
	Seringues grandes	2	2	3	3	4	4	1		
	d° moyennes	2	2	3	3	4	4	1		
	d° à injections	3	4	5	6	6	8	1		
	Ventouses à Cornes	4	6	8	10	12	15	2		
Pharmacie.	Papier gris	200	400	600	800	1000	1200	4		
	d° à filtrer	25	50	100	150	200	250	50		
	Ficelle	72	96	144	192	240	288	"		
	Étamines de laine	"	"	"	"	"	"	"		
	Essuie mains en toile	"	"	"	"	"	"	"		
	Papier à écrire	200	300	350	400	450	500	30		
	d° Royal	10	15	15	15	20	20	4		
	Feuilles de visite	150	300	600	900	1200	1500	30		
	États divers imprimés	"	"	"	"	"	"	"		En raison des besoins
Cuivre jaune	Balances moyennes	1	1	1	1	1	1	1		
	d° à grains	1	1	1	1	1	1	1		
	Bassines grandes	1	1	1	2	2	2	"		
d° Rouge.	Poëlons	2	2	3	3	4	4	2		Assortis.
	Entonnoirs assortis	2	2	3	3	4	4	1		
Fer blanc	Mesures	2	2	3	3	4	4	2		
	Sceaux p[r] distrib[ons]	2	2	3	3	4	4	"		
	Passoires	1	2	3	3	4	4	"		
	Gamelles	2	2	3	3	4	4	"		
	Réchaud à Esprit de vin	"	"	"	"	"	"	"	Avec une Cafetière.	

Classification	Dénomination	Quantités nécessaires pour un hôpital de 50 malades	100 malades	200 malades	300 malades	400 malades	500 malades	Pour une ambulance de 10 à 15 malades	Observations concernant les ambulances	Observations générales
Feraille	Terrines vernissées	3	3	4	4	5	5	"	avec une Cafetière	
Fer	Couteaux	1	1	2	2	3	3	1		
	Ciseaux	1	1	2	2	3	3	1		
	Mortiers et pilons grands	1	1	1	1	1	1	1		
	d° moyens	1	1	1	1	1	1	"		
	d° petits	1	1	1	1	1	1	"		
	Pelles	1	1	1	1	1	1	1		
	Pincettes	1	1	1	1	1	1	1		
	Spatules assorties	2	2	3	3	4	4	"		
	Trépieds grands	"	"	"	"	"	"	2		
	d° petits	"	"	"	"	"	"	"		
Marbre	Mortier avec pilon	1	1	1	1	1	2	"		
Cristal	Mesures graduées	2	2	3	3	4	4	"		
	Mortiers avec pilon	1	1	1	1	1	2	2		
	Flacons à l'Emeri	"	"	"	"	"	"	"		
	Entonnoirs	2	2	3	3	4	4	"		En raison des besoins
Porcelaine	Mortier avec pilon	1	1	1	1	1	2	"		
Verre	1/2 Bouteilles (noir)	"	"	"	"	"	"	"		
	1/2 Bouteilles (blanc)	"	"	"	"	"	"	12		Dans les hôpitaux les bouteilles sont fournies par les Naziers.
	Pilluliers	"	"	"	"	"	"	10		
Bois	Carrés pour Etamines	2	2	3	3	4	4	"		
	Supports pour d°	"	"	"	"	"	"	"		
	Planches à visites	"	"	"	"	"	"	"		

CHAPITRE IV.

FOURNITURES D'AMBULANCES.

Les ambulances régimentaires en Égypte ne peuvent pas être aussi simples dans leur composition que celles de l'armée française, attendu qu'il n'existe point ici d'hôpitaux temporaires ou sédentaires pour y faire soigner les malades. Il faut qu'elles contiennent tout ce qui est nécessaire au traitement des diverses maladies, la plupart des localités n'offrant en outre aucune ressource en médicaments, etc. Néanmoins, leur composition est réduite au plus strict nécessaire et aux substances qui ont une action incontestée.

On a évité, autant que possible, d'y introduire les substances qui occupent trop de volume et les liquides qui exigent des vases en verre dont la fragilité serait un inconvénient. On a donc employé, le plus qu'on a pu, les substances à l'état de poudre de préférence aux pilules, attendu que ces dernières se dessèchent et durcissent en peu de temps, ce qui ne permet plus de compter sur leur action.

Dans la prévision que les bataillons pourraient être isolés les uns des autres et livrés à leurs propres ressources lorsqu'ils seraient envoyés dans des localités éloignées, il a été affecté à chaque bataillon une subdivision d'ambulance composée de deux caisses ou cantines, dont l'une contient les médicaments et l'autre les objets de pansement, les instruments de chirurgie, les objets de bureau et les ustensiles. Il leur est offert en sus deux autres caisses également fournies, devant leur servir d'approvisionnement. Les caisses contiennent les mêmes médicaments, objets de consommation et ustensiles que les premières, et lorsque plusieurs bataillons se trouvent réunis dans une même localité, elles seront aussi réunies, placées sous la direction d'un des pharmaciens attachés à ces corps, et formeront le dépôt général servant à approvisionner les subdivisions d'ambulance.

Ainsi, chaque bataillon d'infanterie ou chaque régiment de cavalerie aura deux fournitures de subdivision d'ambulances égales; l'une sera à son usage journalier, et l'autre servira, soit à fournir la première lorsqu'elle sera épuisée, soit à former le dépôt général d'ambulance lorsque plusieurs bataillons ou autres corps seront réunis, comme il est dit plus haut.

Lorsque la fourniture d'une division sera épuisée, il sera fait immédiatement la demande de son renouvellement soit au dépôt général d'ambulance, soit aux magasins centraux le plus à proximité.

Ces magasins centraux tiendront toujours prêtes un certain nombre de subdivisions d'ambulance, afin de pourvoir aux éventualités.

En cas de guerre, il serait ajouté un havre-sac d'ambulance par chaque bataillon d'infanterie ou un porte-manteau d'ambulance pour chaque régiment de cavalerie, l'un et l'autre d'après les modèles adoptés dans l'armée française.

Les cantines d'ambulance seront construites d'après un modèle donné. Elles devront réunir, à la solidité, un aménagement intérieur qui prévienne le ballotement des objets qu'elles renferment. Leur ouverture doit être sur le devant et former tablier, de manière à ce qu'on puisse les ouvrir sans les décharger.

Les cantines d'ambulance devront être peintes en noir et porter les n° 1 ou 2 *pharmacie* ou *chirurgie*, avec l'indication du corps auxquelles elles appartiennent, le tout écrit en lettres blanches. Elles doivent être fermées avec des cadenas, sur la solidité desquels on puisse compter.

CAISSE N° 1. — SUBDIVISION D'AMBULANCE.

Médicaments.

CLASSIFICATION.	DÉNOMINATIONS.	POIDS en grammes.	OBSERVATIONS.
		grammes.	
Racines	Jalap pulvérisé	12	En paquets de 20 gr. dans une boîte en fer-blanc.
	Ipécacuanha	6	*Id.* de 5 grains *id.*
	Rhubarbe	6	*Id.* de 4 grains *id.*
Ecorces	Simarouba incisé	48	Dans une boîte en fer-blanc.
Feuilles	Séné mondé	144	*Id.*
	Thé noir	24	*Id.*
	Camomille vulgaire	48	*Id.*
Fleurs réunies	Lin mondé	144	*Id.*
Sucs sucrés	Sucre blanc ordinaire	1152	*Id.*
	Miel blanc	288	Dans un bocal bouché à l'émeri.
	Manne, en sorte	288	Dans une boîte en fer-blanc.
Gomme	Gomme arabique pulvérisée	578	*Id.*
Résine	Baume de copahu	144	Dans un bocal bouché au liége.
Huiles fines	Huile d'olive	288	*Id.*
Huiles volatiles	Camphre	48	Dans un bocal bouché à l'émeri.
Subst. minérales	Soufre pulvérisé et lavé	576	Dans un bocal bouché au liége.
Produit de la fermentation	Alcool à 33° D.	576	Dans un flacon bouché à l'émeri.
	Vinaigre de vin	288	Dans un flacon ordinaire bouché au liége.
Composés	Alcool camphré	864	*Id.*
	Collyre sec	12	Dans un flacon bouché à l'émeri.
Médicaments composés	Collyre de Luxor	144	Dans un flacon ordinaire bouché au liége.
	Mercure gommé de Plenk	48	En paquets de 4 gr. représentant chacun 1 pilule dans une boîte en fer-blanc.
Extraits	Extrait de belladone	12	En paquets de 4 gr. représentant chacun 1 pilule dans un vase en faïence blanche.
	Extrait d'opium gommé	3	En pilules d'un grain dans une boîte en fer-blanc.
	Extrait de réglisse	288	Dans une boîte en fer-blanc.
	Extrait de magnésie	12	*Id.*
Teintures	Teinture de cantharides	24	Dans un flacon bouché à l'émeri.
	Teinture d'opium	48	*Id.*
	Laudanum liq. de Sydenham	24	*Id.*
Alcoolats	Alcoolat de moutarde	24	*Id.*
	Alcoolat de menthe poivrée	12	*Id.*
Eaux distillées	Eau de laurier-cerise	48	*Id.*
	Eau distillée	288	Dans un flacon bouché au liége.
Acides	Acide nitrique à 32°	12	Dans une bouteille bouchée à l'émeri.
	Acide sulfurique affaibli	288	*Id.*
	Acide tartrique pulvérisé	48	Dans un bocal bouché à l'émeri.
Ether	Liqueur anodine d'Hoffmann	24	Dans un flacon bouché à l'émeri.
	Chloroforme	24	Dans un flac. de verre bl. bouch. à l'émeri et couvel.
Cérats	Cérat simple	1152	Dans un vase en faïence blanche avec couvercle.
Onguents	Onguent mercuriel double	96	*Id.*
	Onguent anti-psorique	2304	*Id.*
	Onguent contre la teigne	576	*Id.*
Emplâtres	Emplâtre vésicatoire	144	Dans une boîte en fer-blanc.
Sparadraps	Sparadrap diachylon	1152	*Id.*
	Sparadrap mercuriel	144	*Id.*
Préparations chimiques et sels	Acétate de plomb cristallisé	24	Dans une bouteille bouchée à l'émeri.
	Acétate liquide	288	Dans un flacon ordinaire bouché au liége.
	Ammoniaque liquide	240	Dans un flacon ordinaire bouché au l'émeri.
	Mercure doux	6	En paquets de 2 grains dans une boîte en fer-blanc.
	Kermès minéral	3	En paquets de 3 grains, *id.*
	Nitrate d'argent fondu	6	Dans un bocal bouché à l'émeri.
	Nitrate de potasse	24	Dans bocal bouché au liége.
	Précipité rouge	24	Dans un bocal bouché à l'émeri.
	Pierre à cautère	6	*Id.*
	Poudre de Vienne	6	*Id.*
	Alun cru pulvérisé	24	*Id.*
	Alun calciné	24	*Id.*
	Sulfate de cuivre en cylindres	12	*Id.*
	Sulfate de magnésie	288	*Id.*
	Sulfate de quinine	12	En paq. de 2 gr. dans un bocal bouché à l'émeri.
	Sulfate de zinc	24	Dans un bocal bouché à l'émeri.
	Crême de tartre solide	288	*Id.*
	Tartre émétique	6	En paq. de 3 grains dans un boîte en fer-blanc.

CAISSE N° 2. — SUBDIVISION D'AMBULANCE.

Objets de pansements et de bureau. — Ustensiles.

CLASSIFICATION.	DÉNOMINATIONS.	QUANTITÉS en poids.	QUANTITÉS en nombre.	OBSERVATIONS.
Objets de pansements.	Aiguilles à coudre.	»	12	
	Epingles fortes.	»	100	
	Fil tordu, grammes.	72	»	
	Cire jaune.	24	»	
	Coton filé.	12	»	
	Farine de lin.	1152	»	
	Moutarde pulvérisée.	676	»	
	Galons de fil.	144	»	
	Amadou sans nitre.	72	»	
	Cartons en feuilles.	»	6	
	Attelles pour fractures de bras. . .	»	4	
	Attelles d'avant-bras.	»	4	
	Attelles de cuisse	»	4	
	Attelles de jambe	»	4	
	Attelles de main	»	4	
	Attelles de pied.	»	4	
	Toiles de coton en bandes et compresses.	»	»	
	Eponges fines.	24	2	
	Suspensoirs en toile.	»	6	
	Charpie ordinaire.	2880	»	
	Charpie d'Angleterre.	576	»	
	Bandes roulées assorties (grandes). .	1440	»	
	Compresses.	1440	»	
	Bandages de corps.	»	6	
	Echarpes.	»	6	
	Serre-têtes.	»	12	
	Ventouses.	»	4	
	Coton cardé.	24	»	
	Taffetas gommé feuilles.	»	6	
	Etoupe fine.	576	»	
	Bandages pour hernies doubles. . .	»	2	
	Bandages pour hernies de droite. .	»	2	
	Bandages pour hernies de gauche.	»	2	
	Sondes en gomme élastique. . . .	»	6	
	Bougies en gomme élastique. . . .	»	6	
	Bougies en boyaux.	»	6	
	Caisse d'instruments à amputation.	»	1	
	Seringues à clystères (grandes). . .	»	1	
	Seringues à clystères (moyennes). .	»	1	
	Seringues à injections.	»	2	
Objets de bureau. . .	Papiers gris in-folio.	»	50	
	Papier blanc à écrire.	»	80	
	Papier royal (grand).	»	4	
	Feuilles de visite imprimées. . . .	»	30	
Ustensiles.	Balances moyennes et poids. . . .	»	1	Laiton.
	Entonnoirs.	»	1	
	Pots pour l'eau.	»	2	Fer-blanc.
	Gamelles.	»	2	
	Réchaud à esprit-de-vin.	»	1	
	Cafetières pour le réchaud.	»	1	
	Mortiers et pilons (petits).	»	1	
	Spatules.	»	2	
	Couteaux.	»	1	Fer.
	Ciseaux.	»	1	
	Mesures graduées avec poids. . . .	»	2	Cristal.
	1/2 bouteilles noires à distribution.	»	12	D'un 1/2 litre.
	Petites bouteilles en verre blanc. .	»	10	Moitié 2 onces et moitié 4 onc.

Composition du havre-sac d'ambulance pour un bataillon d'infanterie

(Modèle adopté dans l'armée française).

DÉNOMINATIONS.	QUANTITÉS.	OBSERVATIONS.
Scie à amputation avec lame de rechange	1	La composition du porte-manteau d'ambulance pour un régiment de cavalerie est la même que celle du havre-sac.
Pinces à esquilles	1	
Pinces tire-balles	1	
Bistouri	3	
Ciseaux droits	1	
Cuvette en fer-blanc	1	
Sonde œsophagienne	1	
Bougie en gomme élastique	1	
Sonde en gomme élastique	1	
Aiguilles à sutures	6	
Lampes à alcool (selon le modèle)	1	
Ether sulfurique	1 flacon.	
Alcool camphré	*Id.*	
Laudanum	*Id.*	
Huile d'olive	*Id.*	
Ammoniaque	*Id.*	
Tartre émétique	20 paq. de 2 gr.	Voyez *les Ambulances.*
Sulfate de quinine	20 paq. de 3 gr.	*Id.*
Sparadraps diachylon	1 rouleau.	
Toile hémostatique	*Id.*	
Bandages de corps	N° 1.	
Bandages en toile de fil et de coton	N° 11.	
Compresses	N° 21.	
Charpie	250 grammes.	
Agaric	1 morceau.	
Bougie filée	N° 1.	
Tire-bouchon	N° 1.	
Peloton de fil	N° 1.	
Pièces de rubans	N° 1.	
Galons de fil	N° 1.	
Serviettes	N° 3.	
Aiguilles à coudre	N° 10.	
Epingles fortes	N° 1.	
Epingles fines	N° 50.	
Ventouses	N° 1.	
Boîte à allumettes	N° 1.	
Bougeoir	N° 1.	
Attelles, dont deux articulées, pour fractures de cuisse	N° 4.	
Coton cardé pièces	N° 5.	

SERVICE CIVIL.

LETTRE A SON EXCELLENCE LE MINISTRE DE LA GUERRE.

EXCELLENCE,

La partie administrative du service médical, représentée, en France, par le corps de l'intendance, admirable institution chargée de tout ce qui concerne l'administration et la comptabilité de la guerre, n'existait pas en Égypte lorsque j'y fus appelé en 1825 (1240 de l'hég.) pour organiser un service médical. La difficulté était grande, car, d'une part, les médecins doivent se borner à l'exercice de leur art et ne point s'occuper d'administration, et cependant l'un ne peut fonctionner sans l'autre. Je fus donc obligé de créer une administration spéciale.

Ainsi, un bureau central des hôpitaux fut établi au ministère de la guerre. Le chef, sous l'autorité du ministre, représentait un intendant et avait, sous sa juridiction, le personnel, le matériel de tout genre, la comptabilité et le contrôle général des hôpitaux et des ambulances régimentaires.

Ainsi encore, chaque hôpital avait son officier comptable, des adjoints, des écrivains et des infirmiers; chaque ambulance régimentaire, un officier d'administration, des écrivains et des infirmiers.

Quant au matériel, je l'appropriai, pour les qualités et la forme, aux besoins

6

les plus urgents. A ce système se rattachaient les magasins centraux, une pharmacie et un laboratoire centraux et un bureau de révision des comptes pharmaceutiques.

Cette organisation était de la plus grande simplicité. Elle se trouvait, sous ce rapport, en harmonie avec l'administration générale. Tout imparfaite qu'elle était, elle a suffi, sous Mohammed-Aly, aux besoins d'une armée de deux cent mille hommes presque constamment en campagne dans des contrées éloignées, comme le Sennâr, l'Arabie, la Syrie.

Au lieu de la perfectionner par la suite, on a laissé tomber cette administration en désuétude, et, dans la nouvelle organisation dont j'ai été chargé, il devient indispensable de la rétablir sur le pied où elle était lorsque j'ai cessé mes fonctions.

Le système des infirmeries régimentaires, adopté dans l'ancienne organisation, est celui qui convient le mieux à l'Égypte, car, à l'exception du Caire et d'Alexandrie, les corps de troupes ne trouvent pas, comme en Europe, des villes où existent des hôpitaux militaires ou civils, pour y envoyer leurs malades. Il fallait donc que, dans les cantonnements de l'intérieur, les bataillons ou les régiments fussent munis du personnel et du matériel nécessaires au traitement des malades. Du reste, cette organisation a reçu la sanction de l'expérience et l'approbation de l'illustre maréchal duc de Raguse qui en a rendu le compte le plus favorable, dans l'ouvrage qu'il a publié sur les institutions militaires de l'Égypte.

On comprend que, pour traiter les malades des régiments ou des bataillons, il faut les séparer des hommes en santé, en les plaçant, pour les casernes, dans des localités à part et, au camp, dans des tentes ou des barraques spéciales. Ces infirmeries doivent être pourvues de tout leur matériel en literie, linge de corps, ustensiles, cuisines à part et moyens de transport pour suivre les mouvements des troupes.

Il faut dès lors, pour tout cela, un personnel administratif et des infirmiers.

Ci-annexés sont deux tableaux,* l'un du personnel et l'autre du matériel des hôpitaux et des ambulances. Ils ont été simplifiés autant que possible, tellement qu'en les comparant à ceux qui sont portés dans les règlements français, on trouve la proportion de 1 à 5, c'est assez dire qu'ils sont réduits au strict nécessaire.

Il est urgent que cette administration du service médical soit installée, le plus tôt possible, au ministère de l'intérieur.

Le Nazir en chef ou Moudyr actuel des hôpitaux doit y transporter son administration et ses bureaux et confier la direction de l'hôpital de Casr-el-Aîn au Nazir le plus capable, lequel prendra le titre d'officier comptable. Il choisira, dans ledit établissement, les Nazirs et écrivains qui s'y trouvent en excédant. Il sera donné à ce Nazir un adjoint qui puisse le suppléer au besoin. Le bureau de la révision des comptes pharmaceutiques, actuellement auprès du gouverneur d'Alexandrie, doit passer sous la direction du Moudyr et occuper un bureau dans sa division. Le conseil de santé doit également être établi auprès de celui avec lequel il a journellement des rapports.

L'organisation concernant les hôpitaux militaires et les ambulances est également applicable aux hôpitaux civils entretenus aux frais du gouvernement.

Votre Excellence trouvera, ci-annexées, les dispositions réglementaires qui nous paraissent les plus convenables pour constituer cette branche de l'administration médicale sans laquelle le service de santé proprement dit ne saurait fonctionner. Je la prie de donner l'ordre de leur mise à exécution.

J'ai l'honneur d'être, etc.

Clot Bey.

CHAPITRE V.

SERVICE ADMINISTRATIF DES HOPITAUX ET DES AMBULANCES.

INSTALLATION DE L'ADMINISTRATION MÉDICALE AU MINISTÈRE DE L'INTÉRIEUR.

L'administration médicale doit former une division au ministère de l'intérieur.

Elle doit avoir, comme chef, un intendant ou Moudyr chargé de toute la partie administrative, tant du personnel que du matériel.

Le personnel comprend tous les officiers d'administration, soit : nazirs, écrivains, infirmiers, domestiques, etc.

Le matériel comprend : 1° le choix des bâtiments ou locaux affectés au service, ainsi que les constructions, réparations et entretien desdits établissements ; 2° le mobilier comme meubles, ustensiles, lingerie ; 3° la fourniture des denrées nécessaires à la nourriture ; 4° les médicaments, objets de pansement, ustensiles, instruments de pharmacie, de chirurgie et objets de bureau ; 5° les magasins centraux et la pharmacie centrale.

L'intendant est chargé de la comptabilité générale, du contrôle du personnel et du matériel.

Il a également, sous sa dépendance, le bureau de révision pharmaceutique.

Le Nazir général des hôpitaux et des pharmacies centrales, qui est de service à l'hôpital de Casr-el-Aïn, réunissant dans son poste actuel, une grande partie des fonctions de l'intendant, doit transporter son administration et ses bureaux au ministère de l'intérieur, et doit cesser ses fonctions à l'hôpital, ce poste devant être occupé par un Bimbachy.

Comme il y a à l'hôpital un excédant de nazirs et d'écrivains, il peut disposer d'une partie de ce personnel.

Des fonctions aussi importantes que celles de l'intendant, nécessitent la nomination d'un adjoint ou sous-intendant, qui puisse, au besoin, l'aider et le suppléer.

Il est bien entendu que ce service sera subdivisé en autant de bureaux et de sections qu'on le jugera convenable. On peut faire, par exemple, un bureau pour le personnel, un second pour le matériel, un troisième subdivisé en deux sections : 1° la comptabilité, 2° la révision des comptes pharmaceutiques.

Une section à part comprendrait tout ce qui a trait au service de chaque province et au service militaire.

Une seconde branche de l'administration médicale est le Conseil de santé, chargé de diriger le service au point de vue scientifique. Il doit être placé auprès de l'intendant ou Moudyr, avec lequel il a de fréquents rapports.

Telle est, à notre avis, la disposition qui doit être prise tout d'abord, qui a pour avantage de centraliser l'administration, et, par conséquent, de simplifier et de faciliter la marche du service.

RÈGLEMENT DU SERVICE ADMINISTRATIF.

Art. I.

De même que le Conseil général de santé dirige le corps des médecins et des pharmaciens, au point de vue scientifique et pratique de l'art de guérir, de même une administration supérieure est chargée de la direction du corps des officiers d'administration, commis aux écritures, infirmiers employés dans les hôpitaux et les ambulances régimentaires et ouvriers d'administration. Elle est en outre chargée des approvisionnements des magasins, du matériel, tels que médicaments, denrées, instruments, ustensiles, habillements, objets de literie, linge, transports, etc., etc. Elle veille à l'ordre, à la discipline, à l'économie, et tient la comptabilité générale des entrées et des sorties de tout le service.

Art. II.

A la tête de l'administration est placé un intendant en chef secondé par un nombre suffisant d'officiers d'administration. Cet intendant sera auprès du ministère de l'intérieur, où son administration formera une division et sera le centre de tout le service administratif.

DES OFFICIERS D'ADMINISTRATION.

Art. III.

Les officiers d'administration forment un corps divisé en quatre classes. Ceux de la première classe seront assimilés au grade de chef de bataillon; ceux de la deuxième, à celui de saccolagasi ou de capitaine; ceux de la troisième à celui de lieutenant et ceux de la quatrième à celui de sous-lieutenant.

Art. IV.

Les officiers d'administration doivent savoir écrire et calculer; et comme, pour remplir ces fonctions, il est nécessaire qu'ils aient la connaissance du service des hôpitaux, ils devront faire un stage d'une année, dans l'hôpital général du Caire, avant de pouvoir être chargés de la direction d'un établissement ou d'une infirmerie régimentaire.

Art. V.

Les officiers d'administration de différentes classes pourront être choisis parmi les officiers de l'armée, surnuméraires ou en disponibilité.

Art. VI.

Les officiers d'administration de tout grade, lorsqu'ils auront la direction d'un établissement comme un hôpital, prendront le titre d'officier comptable ou responsable.

Art. VII.

Les officiers d'administration de première classe seront chargés de la direction des grands hôpitaux du Caire et d'Alexandrie, des magasins centraux et des ambulances d'un corps d'armée en campagne.

Ceux de la deuxième classe seront employés comme adjoints de ceux de la première, ou pourront être officiers comptables dans les hôpitaux de deuxième ordre; ceux de la troisième classe ou de la quatrième seront placés, en sous-ordre, dans les hôpitaux de troisième ou de deuxième classe ou comme chefs dans les hôpitaux de troisième ordre ou dans les infirmeries régimentaires.

ART. VIII.

Les aspirants ou élèves d'administration ne feront leur stage que dans les grands hôpitaux d'Alexandrie ou du Caire. Ils seront assimilés au grade d'adjudant sous-officier.

ART. IX.

Les officiers d'administration jouiront du grade auquel ils auront été assimilés.

ART. X.

L'avancement aura lieu dans l'ordre hiérarchique des grades; on ne pourra passer d'un grade à un autre qu'après quatre années et selon les besoins du service.

ART. XI.

Le choix et la proposition aux emplois de Nazir seront faits par l'intendant en chef.

FONCTIONS ET ATTRIBUTIONS DES OFFICIERS D'ADMINISTRATION.

ART. XII.

Les officiers d'administration ou Nazirs sont chargés de la partie administrative des hôpitaux civils et militaires, des infirmeries régimentaires et des magasins centraux, chacun d'après ses fonctions respectives. L'officier chargé en chef de l'administration d'un établissement prend le titre d'officier comptable. Dans ce cas, il a, sous son autorité et sa direction, les autres officiers d'administration attachés à l'établissement, les infirmiers et autres employés. Ils ont, sous leur responsabilité, tout le matériel, tel que meubles, linge, ustensiles, etc.

ART. XIII.

Ils sont chargés de veiller à l'approvisionnement des vivres et denrées, à la préparation des aliments, à la discipline et à la propreté. Ils tiennent la comptabilité des entrées et des sorties, tant en personnel qu'en matériel. En un mot, ils pourvoient à tous les besoins de l'établissement.

ART. XIV.

Le nombre des officiers d'administration est fixé, dans le tableau ci-annexé, en raison du nombre des malades et de l'importance de l'établissement.

DU CORPS DES INFIRMIERS.

ART. XV.

Le corps des infirmiers se rattache à la partie administrative des hôpitaux. Il est divisé en quatre sections : la première comprend les infirmiers-majors de première classe, assimilés au grade de sergent-major; la seconde, les infirmiers-majors de deuxième classe, assimilés aux sergents; la troisième, les infirmiers de troisième classe, assimilés aux caporaux; enfin la quatrième comprend les servants ou infirmiers ordinaires, assimilés aux simples soldats.

ART. XVI.

Les infirmiers-majors et ceux de deuxième classe sont pris parmi les élèves de l'École de médecine qui n'auront pas, dans les trois premières années, montré assez d'aptitude pour devenir officiers de santé; ou ils seront recrutés parmi les sous-officiers de l'armée qui, pour une cause quelconque, ont dû quitter la carrière des armes.

Quant aux infirmiers de troisième et quatrième classe, ils seront pris parmi les soldats de l'armée ou recrues qui se seront mutilées pour se soustraire au service militaire.

ART. XVII.

Les infirmiers de chaque classe devront acquérir, dans les hôpitaux, la pratique du service qui est assigné à leurs fonctions.

ART. XVIII.

Les infirmiers-majors et ceux de deuxième classe devront savoir écrire et calculer. Ils seront susceptibles d'avancement. Leur traitement sera celui du grade auquel ils seront assimilés pour solde, habillements et rations.

ART. XIX.

Le nombre des infirmiers de chaque grade, nécessaire au service des hôpitaux et des infirmeries régimentaires, est fixé par le tableau ci-annexé.

ART. XX.

Il sera établi, dans les hôpitaux d'Alexandrie et du Caire, un dépôt d'infirmiers surnuméraires qui recevront l'instruction pratique et seront répartis dans les hôpitaux et les infirmeries, selon les besoins du service.

ART. XXI.

Des règlements particuliers fixeront les fonctions et attributions des infirmiers.

DU MATÉRIEL DES HOPITAUX ET DES AMBULANCES.

ART. XXII.

La fourniture nécessaire à chaque hôpital, suivant son importance, le mobilier, les objets de literie, le linge de corps et les ustensiles sont réglés dans le tableau ci-après.

ART. XXIII.

Le matériel des ambulances doit réunir ces trois conditions essentielles : le moins de volume, le moins de poids et le plus de solidité possible. Pour atteindre ce triple but, il faut que tout ce qui est vase ait la forme conique pour que l'un entre dans l'autre, ce qui fait qu'ils occupent moins d'espace et se consolident mutuellement. Le fer-blanc est la matière qu'il convient le mieux d'employer pour confectionner des ustensiles à l'usage des malades, attendu qu'il réunit la légèreté à la modicité du prix et qu'il est très-facile à mettre en œuvre dans le pays.

ART. XXIV.

Il est nécessaire de fixer la valeur de chaque objet d'une manière uniforme, pour chaque partie du matériel de même nature, cette mesure rendant la comptabilité plus facile.

OFFICIERS D'ADMINISTRATION.

NOMBRE DE MALADES.	NOMBRE D'OFFICIERS D'ADMINISTRATION nécessaires, en raison du nombre de malades				TOTAL.	OBSERVATIONS.
	de 1re classe.	de 2e classe.	de 3e classe.	de 4e classe.		
Jusqu'à 50 malades........	»	»	1	1	2	Les officiers d'administration, en sous-ordre, sont chargés des écritures.
De 50 à 100 malades......	»	1	1	1	3	
De 101 à 200 malades......	»	1	1	2	4	
De 201 à 300 malades......	»	1	2	2	5	
De 301 à 400 malades......	1	1	2	2	6	
De 401 à 500 malades......	1	1	2	3	7	
Ambulance d'un bataillon d'infanterie ou d'un régiment de cavalerie.......	»	»	1	»	1	

Matériel Administratif

pour les Hôpitaux et les Ambulances.

Matériel Administratif
d'une division d'Ambulance de Cinq mille hommes.

En calculant le nombre des malades, en temps ordinaire, à un pour cent, sur un effectif de 5,000 hommes, il y aurait 50 malades à l'Infirmerie. C'est sur cette base que nous avons dressé le tableau suivant.

Tentes.
- 6 Tentes à deux colonnes pouvant contenir chacune 10 malades
- 1 Grande tente de soldat pour les Infirmiers
- 1 Tente servant de magasin pour tout le matériel administratif
- 1 Tente pour la cuisine
- 1 Tente pour la pharmacie

Objets de Literie.
- 60 Nattes fabriquées ad hoc ayant 6 pieds de longs sur 3 de large
- 60 Sacs à paille pour paillasse que l'on remplira sur les lieux avec de la paille de Dourah ou autre
- 60 Sacs à traversin
- 60 Couvertures en laine
- 120 Draps de lit en toile

Linge de corps.
- 180 Chemises
- 180 Caleçons
- 180 Dikes
- 120 Entéris en toile
- 180 Takichs
- 60 Lebdés

Ustensiles pour les malades.
- 60 Verres à boire
- 60 Pots à tisane
- 60 Ecuelles
- 60 Cuillers
- 60 Cuillers à soupe en fer blanc ou en bois
- 10 Vases de nuit en fer blanc

Ustensiles divers.
- 6 Teschts et Ebriks (Lavabots) en cuivre étamé
- 24 Essuie-mains

Ustensiles divers
- 6 Fanaux en toile cirée (grands) pour éclairer les tentes
- 6 Bougeoirs à main en cuivre ou en fer battu.

Ustensiles de Cuisine.
- 6 Marmites en cuivre (Dest).
- 6 Casseroles id. ou en fer battu.
- 12 Trépieds en fer à pieds ployants pour poser les marmites.
- 6 Caravannes grandes en fer blanc
- 2 Grandes cuillers à pot
- 6 Cuillers à ragoût (mografé).
- 2 Fourchettes grandes
- 2 Passoires
- 2 Ecumoires (Kabché)
- 2 Grils à rôtir (Ogiak)
- 12 Brochettes à Kabab
- 1 Grande Cafetière (Batta)
- 1 Moyenne (id.)
- 1 Petite (id.)
- 2 Couperets pour hacher la viande (Satour)
- 4 Grands couteaux
- 4 Petits couteaux
- 1 Scie pour les os de la viande
- 1 Billot en bois pour couper la viande crue
- 1 Mortier en cuivre
- 1 id. en bois
- 6 Bidons ou Sceaux en fer blanc
- 6 Outres en peau (gurbé) (6 sceaux en peau (dilon))
- 1 Balance à romaine
- 1 Balance à plateaux

Buanderie.
- 2 Auges en bois pour laver
- 1 Chaudière en cuivre
- 10 Okes de cordes pour étendre le linge

Objets de Bureaux.
- 1 Table pliante (forte)
- 1 Scie pour le bois à brûler
- 2 haches pour fendre le bois
- 1 Masse grande (en bois)
- 1 id. moyenne
- 2 Hachette à marteaux (Gadoum)

Objets de Bureaux
- 1 paire de tenailles
- 2 Okes de clous assortis

Objets de Bureaux.
- 1 Rame de papier blanc à écrire
- 1 Journal d'entrée et de sortie
- 1 Registre pour la Correspondance

Moyens de Transports
- 6 Brancards à pieds
- 6 Cacolets avec leurs bâts pour le transport des malades

Infirmiers.

Nombre des Malades.	Nombre d'Infirmiers nécessaires en raison du nombre des Malades. Infirmiers Majors: Des Divisions de malades	Infirmiers Majors: 1ers Garçons de Pharmacie	Infirmiers Majors: Cuisinier Chef	Infirmiers ordinaires: Portier	Aide Cuisinier	Aide Pharmacien	Garçon de Magasin	Garçon de Dépense	Propreté des Cours et Corridors	Salles	Bains	Porteurs d'eau	Laveurs de Linge	Raccommodeurs de Linge	Barbiers	Pour les Corvées	Observations
Jusqu'à 10 malades	1	"	1	1	"	1	1	"	"	à	.	2	2	1	1	2	Outre le personnel
de 101 à 200 malades	2	"	1	1	1	1	1	1	.	raison	"	3	2	1	1	2	indiqué dans ce tableau, il y a, p
de 201 à 300 malades	3	1	1	1	1	1	1	1	"	de	"	4	3	2	2	3	l'hôpital d'instruction, des garçons
de 301 à 400 malades	4	1	1	1	2	2	1	1	1	un	3	4	4	2	2	3	pour l'Amphithéâtre, le Laboratoire chim
de 401 à 500 malades	5	1	1	1	2	2	2	1	1	pour	3	5	5	3	3	4	et le jardin botanique. Il y a au
Ambulance d'un bataillon										Dix							un ouvrier coutelier et autres
d'Infanterie ou d'un Régim^t	1	"	"	"	1	"				malades	.	"	"	"	"	"	pour réparer les instruments
de Cavalerie										4							

Nomenclature générale du mobilier, des fournitures de coucher, de linge de corps des ustensiles et effets nécessaires à l'ameublement de chaque hôpital et Ambulance, suivant leur fixation depuis 50 malades jusqu'à 500 et 15 pour les Ambulances.

Classification des Objets.	Dénomination.	Quantités nécessaires pour 50 malades.	100 malades.	200 malades.	300 malades.	400 malades.	500 malades.	Quantités nécessaires pour un bataillon de de 10 à 55 malades.	Observations.
Fournitures de Lits.	Lits en fer avec trois planches	58	115	230	345	460	575	18	Dans les ambulances régimentaires les lits sont remplacés par des Nattes. La fourniture d'un régiment de cavalerie est égale à celle d'un bataillon d'infanterie.
	Paillasses pour les Soldats	58	115	230	345	460	575	18	
	Matelas pour les Officiers	5	10	15	20	22	25	2	
	Traversins garnis en paille	58	115	230	345	460	575	18	Les Régiments d'Infanterie, selon qu'ils se composent de 2, 3 ou 4 bataillons auront une fourniture double, triple ou quadruple. De manière à ce que les bataillons se détachant, ils aient chacun leur fourniture particulière.
	id. garnis en coton p.r les officiers	5	10	15	20	22	25	2	
	Enveloppes de traversin	165	330	440	570	760	1010	45	
	Draps de lit (paires de)	165	330	440	570	760	1010	45	
	Moustiquaires p.r les Officiers	5	10	15	20	22	25	2	Les moustiquaires servent aux malades graves et à ceux qui ont subi des opérations.
	Couvertures de laine	58	115	230	345	460	375	18	
Linge de corps.	Chemises	165	330	440	570	760	1010	45	
	Caleçons	165	330	440	570	760	1010	45	
	Dikès	110	220	400	525	695	925	36	
	Lepdès	58	115	230	345	460	575	18	
	Tarbouch pour les Officiers	5	10	15	20	22	25	2	
	Takiès	165	330	440	570	760	1010	45	
	Entéris	58	115	230	345	460	575	18	
	Babouches	58	115	230	345	460	575	18	
Linge accessoire.	Essuie-mains	20	40	60	90	120	160	8	
	Serviettes pour les Officiers	3	6	8	12	16	20	2	
	Torchons	40	80	100	130	170	220	16	Ces torchons sont à l'usage de la cuisine, des salles, etc.
	Verres à boire en fer blanc	58	115	230	345	460	575	18	
	Verres en cristal p.r les Officiers	8	16	20	25	28	30	3	
	Ecuelles en fer blanc	58	115	230	345	460	575	18	
	Ecuelles à biberon	3	6	8	12	16	20	2	

Classification des Objets	Dénomination.	Quantités nécessaires pour 50 malades	100 malades	200 malades	300 malades	400 malades	500 malades	Quantités nécessaires pour un bataillon de 10 à 15 malades.	Observations.
Ustensiles des Malades.	Pots à tisane	58	115	230	345	460	575	18	
	Plats en cuivre pr. les Officiers	15	30	40	55	70	85	6	
	Cuillers en fer ou en bois	58	115	230	345	460	575	18	
	id. en ébène pr. les Officiers	8	16	20	25	28	30	3	
	Crachoirs en fer blanc	3	6	8	12	16	20	2	
	Urinoirs en fer blanc	3	6	8	12	16	20	2	
	Planchettes pour les repas	58	115	230	345	460	575	18	
	Civières à distribution	1	2	2	2	3	3	"	
	Bougeoirs en fer blanc	4	6	8	10	12	15	2	
	Fanous	4	6	8	10	12	15	2	
Fourniture des Salles de Malades.	Balais ×	"	"	"	"	"	"	18	L'étoile × désigne les objets de consommation à renouveler dès qu'ils sont hors de service.
	Palettes en fer blanc pr. rec. les balayures	2	4	4	6	8	8	1	
	Cuvettes id. pr. recev. les objets de pansemt.	2	4	4	6	8	8	18	
	Tescht-tibriks	2	4	4	6	8	8	1	
	Tablettes en fer blanc pr. poser les billets d'entrées	58	115	230	345	460	575	1	Toutes les tables d'ambulance doivent être pliantes
	Seaux à bouillon, en fer blanc	2	4	4	6	8	8	"	
	Petites tables pr. déposer les ustensiles des malades	58	115	230	345	460	575	1	
	Écuelles à manche en fer blanc	2	4	4	6	8	8	"	
	Tables carrées	1	2	4	8	16	16	"	
	Chaises percées	2	2	4	6	6	6	1	Les Marmites sont proportionnées, pour leur capacité, au nombre de malades.
	Jarres	2	4	6	8	10	12	1	
	Baignoires en cuivre ou en fer blanc	1	1	2	2	2	2	1	
	id. en bois	1	1	1	1	1	1	1	
	Marmites grandes avec couvercle	1	1	1	2	2	2	1	
	id. moyennes	1	1	1	2	2	2	1	
	id. petites	1	1	1	2	2	2	1	

Classification des Objets.	Dénomination.	Quantités nécessaires pour 50 malades.	100 malades	200 malades	300 malades	400 malades	500 malades	Quantités nécessaires pour un bataillon de 10 à 15 malades	Observations.
Ustensiles de Cuisine.	Casseroles grandes	1	1	2	2	3	3	1	
	id. moyennes	1	1	2	3	3	3	1	
	id. petites	1	1	2	3	3	3	1	
	Écumoires en cuivre ou en fer	1	1	1	2	2	2	1	
	Grandes cuillers en cuivre	1	1	1	2	2	2	1	
	Fourchettes grandes	1	1	1	2	2	2	1	
	Fourchettes moyennes (à découper)	1	1	1	2	2	2	1	
	Cuillers de la capacité d'une ration	1	1	1	2	2	2	1	
	Cuillers ordinaires en fer	3	4	6	8	10	12	1	
	Cuillers à ragoût	2	2	3	4	4	6	2	
	Couperets pour la viande	1	1	2	2	3	3	1	
	id. moyens	1	1	2	2	3	3	1	
	id. petits	1	1	2	2	3	3	1	
	Grands couteaux	1	1	2	2	3	3	1	
	id. moyens	1	1	2	2	3	3	1	
	id. ordinaires	1	1	2	2	3	3	1	
	Passoires en cuivre ou en fer blanc	1	1	2	2	3	4	1	
	Brochettes en fer	24	48	64	85	100	145	12	
	Grils en fer à rôtir la viande	1	2	4	8	10	12	1	
	Poëles à frire	1	2	4	8	10	12	1	
	Balances et poids pr rations	1	1	1	2	2	2	1	
	Trépieds en fer	3	6	12	24	48	96	3	
	idem moyens	2	2	2	4	4	4	2	
	idem petits	2	2	2	4	4	4	2	
	Rapes en fer blanc ou en cuivre	1	1	1	2	2	2	1	
	Crochets en fer pour viande	2	2	4	4	5	5	1	

Classification des Objets.	Dénomination.	Quantités nécessaires pour 50 malades	100 malades	200 malades	300 malades	400 malades	500 malades	Quantités nécessaires pour un bataillon de 10 à 15 malades.	Observations.
Ustensiles de Cuisine.	Garde-manger en toile	1	1	2	2	3	3	"	
	Gamelles pour la distribution (fer blanc)	4	4	8	8	12	12	1	
	Sceaux en fer blanc p.r porter la soupe	4	4	8	8	12	12	1	
	Pincettes en fer	1	1	1	2	2	2	1	
	Pelles	1	1	1	2	2	2	1	
	Soufflets ou canons de fusil servant de	1	1	1	2	2	2	1	
	Mortier en marbre	1	1	1	2	2	2	1	
	id. en bronze	1	1	1	2	2	2	1	
	id. en bois	1	1	1	2	2	2	1	
	Boîtes en bois pour le sel	2	3	4	4	4	5	1	
	Grandes tables fortes	1	1	2	2	3	3	"	
	Billots en bois pour couper la viande	1	1	2	2	3	3	1	
	Hachoirs en bois	1	1	2	2	3	3	1	
	Jarres pour l'eau	2	3	5	5	7	7	"	Des outres pour les ambulances.
	Lampes	2	2	3	3	4	4	2	
	Auges en bois p.r laver les ustensiles	1	1	1	2	2	2	1	
	Grandes balances	1	1	1	1	1	1	1	
Magasin des vivres et provisions.	Etagères × A	"	"	"	"	"	"	"	
	Armoires × B	"	"	"	"	"	"	"	
	Caisses et sacs p.r fermer les denrées × C	"	"	"	"	"	"	"	
	Crochets pour la viande	1	1	2	2	2	2	"	
	Mesures pour l'huile	"	"	"	"	"	"	"	
	Id. pour le beurre	"	"	"	"	"	"	"	
	Id. pour le miel	1	1	1	2	2	2	"	
	Pots à l'huile avec plateau	1	1	1	1	1	1	"	
	Cribles pour céréales (grands)	1	1	2	2	2	2	"	

Classification des Objets.	Dénomination.	Quantités nécessaires pour 50 malades	100 malades	200 malades	300 malades	400 malades	500 malades	quantités nécessaires pour un bataillon de 10 à 15 malades.	Observations.
	Tamis pour la farine	1	1	1	2	2	2	1	
	Entonnoirs (grands) en fer blanc	1	1	2	2	3	3	1	
	idem. moyens	1	1	2	2	3	3	1	
	idem. petits	1	1	2	2	3	3	1	
Buanderie.	Chaudières grandes	1	1	1	1	2	2	1	
	Auges en bois ou en cuivre	1	1	1	1	2	2	1	
	Tréteau en bois p.r étendre le linge x	"	"	"	"	"	"	"	
	Corbeilles ou Coffrets p.r le linge	1	1	1	1	2	2	1	
	Grandes tables	1	1	1	2	3	4	1	
	Boîtes en fer blanc D	1	2	3	4	5	6	1	
	Ciseaux (grands)	1	1	1	2	3	4	1	
	Idem. (petits)	1	1	1	2	3	4	1	
	idem. (moyens)	1	1	1	2	3	4	1	
	Aiguilles assorties x	"	"	"	"	"	"	"	
	Assortiment de fil x	1	1	1	2	2	2	1	
Outils divers.	Hache à bois	1	1	1	2	2	2	1	
	Chevalets pour scier le bois	1	1	1	2	2	2	1	
	Grandes masses en bois	1	1	1	2	2	2	1	
	Marteaux en fer (grands)	1	1	1	2	2	2	1	
	Idem. (moyens)	1	1	1	2	2	2	1	
	Idem. (petits)	1	1	1	2	2	2	1	
	Hachettes dites Gadoums	1	1	1	2	2	2	1	
	Clous divers x	"	"	"	"	"	"	"	
	Balances avec poids	1	1	1	2	2	2	1	
	Billots en bois	1	1	1	1	1	1	1	
	Etaux	1	1	1	1	1	1	1	

Classification des Objets.	Dénomination.	Quantités nécessaires pour 50 malades	100 malades	200 malades	300 malades	400 malades	500 malades	Quantités nécessaires pour un bataillon de 10 à 15 malades	Observations.
Outils divers.	Maillets en bois	1	1	1	1	1	1	1	
	Fer à souder le fer-blanc	2	4	4	6	6	8	2	
	Soudure ×	"	"	"	"	"	"	"	
	Limes (½ rondes, plates, triangulres)	2	2	3	3	4	4	2	
	Pièges à rats	1	2	3	4	5	5	1	
	Rape à bois	1	1	2	2	3	3	1	
	Ferrailles (grandes)	1	1	2	2	3	3	1	
	id. (petites)	1	1	2	2	2	3	1	
	Percerettes (grandes)	1	1	2	2	2	3	1	
	id. (petites)	1	1	2	2	2	3	1	
	Ciseaux froids	2	2	3	4	4	5	2	
	Tringles, pitons et ciseaux	"	"	"	"	"	"	"	En raison du nombre de croisées.
	Balais ×	"	"	"	"	"	"	"	
	Echelles (grandes)	1	1	1	2	2	2	"	
	id. (petites)	1	1	1	2	2	2	"	
	id. (moyennes)	1	1	1	2	2	2	4	
	Brancards pr le transport des malades	2	4	5	7	10	12	2	
	Coffres pr la distion du pain et le transpt des denrées ×	"	"	"	"	"	"	"	
	Sceaux de puits et cordes ×	"	"	"	"	"	"	"	
Magasins des effets des malades rentrants	Etagères pr déposer les effets	"	"	"	"	"	"	"	
Saccas	Outres	2	4	8	16	20	25	2	
	Sceaux en cuir	2	4	8	16	20	25	2	
Objets de Bureau	Papier blanc à écrire ×	"	"	"	"	"	"	"	
	Plumes, Encre, etc. ×	"	"	"	"	"	"	"	
	Registres d'entrée et de Sortie	1	1	1	1	1	1	1	
	id. de Comptabilité	1	1	1	1	1	1	1	

Classification des Objets.	Dénomination.	Quantités nécessaires pour					
		50 malades	100 malades	200 malades	300 malades.	400 malades	500 malades
Objets de Bureau	Registre de la Correspondance	1	1	1	1	1	1
	idem du personnel	1	1	1	1	1	1
	idem du Matériel	1	1	1	1	1	1
	Tables	1	1	1	1	1	1
	Armoires ×	"	"	"	"	"	"
	Casiers ×	"	"	"	"	"	"

Notes.

A. On pourrait se dispenser de fournir des objets de cuisine, si la cuisine générale fournissait elle même les aliments pour les malades.

B. Les troupes étant susceptibles de se déplacer, il faut nécessairement transporter aussi le matériel et, pour cela, il faut avoir des caisses ad'hoc pour le renfermer et le classer en ordre. Ainsi, il faut des caisses pour le linge, des caisses pour les ustensiles et celles-ci devront avoir des compartiments pour que chaque objet occupe sa place et qu'il ne se détériore pas, par le ballotement.

C. Deux caisses doivent former le chargement d'un chameau ou d'un mulet. Elles doivent être munies de crochets en fer pour être fixées sur les bats, il faut qu'elles soient bien cerclées en fer pour avoir toute la solidité possible. Elles doivent être peintes en noir et porter cette inscription en lettres blanches: Ambulances d'Administration, avec la nature des objets qu'elles contiennent.

D. Le matériel doit réunir ces trois conditions essentielles: Le moins de volume, le moins de poids et le plus de solidité possible, pour atteindre ce but, il faut que tout ce qui est vase soit de forme conique afin qu'ils s'emboîtent l'un dans l'autre; le fer blanc est la matière qu'il convient le mieux d'employer pour confectionner les ustensiles à l'usage des malades, attendu qu'il réunit la légèreté à la modicité du prix et qu'il est très facile à mettre en œuvre dans le pays.

E. Pour diriger ce service, il faut un nazir ou officier d'Administration qui sera pris dans l'hôpital du Caire. Les infirmiers majors attachés aux bataillons le secondent et tiennent la comptabilité. Les infirmiers feront le service des malades.

Cette fourniture d'ambulance est réduite au plus strict nécessaire. Elle est comme 1 est à 5 comparée à celle des règlements français.

CHAPITRE VI.

RÈGLEMENT INTÉRIEUR DE L'HOPITAL D'INSTRUCTION.

Ordonnance du Vice-Roi, pour l'organisation de l'hôpital d'instruction.

Voulant utiliser l'hôpital général du Caire en y formant des médecins et des pharmaciens nationaux pour subvenir aux besoins des différents services publics, nous avons décidé que cet établissement deviendrait un hôpital d'instruction.

L'enseignement y sera divisé en deux sections principales :

1° La médecine et la chirurgie ;

2° Les sciences naturelles et la pharmacie.

Le médecin en chef de l'hôpital sera directeur de la section de médecine ; le pharmacien en chef dirigera la section de pharmacie.

Les médecins et les pharmaciens de l'hôpital seront en même temps chargés de différents cours, suivant la répartition ci-après.

Outre le personnel enseignant, il y aura un nombre suffisant d'aides et de sous-aides affectés au service des salles de malades, de la pharmacie, de l'amphithéâtre, de la bibliothèque et des collections.

En conséquence, nous avons désigné, comme médecins ou pharmaciens professeurs, les personnes nommées ci-après qui nous ont été proposées comme réunissant les connaissances nécessaires pour l'enseignement spécial dont chacun d'eux sera chargé.

Le système collégial est adopté comme présentant le plus de garantie pour le succès de l'instruction. En conséquence, les élèves sont logés, nourris et habillés aux frais de l'État et soumis à la discipline des écoles militaires.

Ils recevront une solde mensuelle réglée de la manière suivante : pour la première année, 20 piastres et, chaque année suivante, 10 piastres d'augmentation pour ceux qui passeront d'une classe à l'autre, de manière que la dernière année de leurs études les élèves reçoivent 60 piastres par mois.

Indépendamment des élèves entretenus, on admettra des élèves libres qui seront autorisés à suivre les cours comme externes, en se conformant exactement à la discipline et aux règles établies. Les élèves externes pourront obtenir, à la fin de leurs études, les mêmes avantages que les élèves entretenus.

Le nombre des élèves entretenus sera au maximum de quatre-vingts (1), dont soixante étudient la médecine et vingt la pharmacie, de manière qu'il puisse sortir, chaque année, de l'École, pour le service public, dix médecins et dix pharmaciens, en tenant compte des non-valeurs.

CONDITIONS QUE DOIVENT RÉUNIR LES ÉLÈVES POUR ÊTRE ADMIS A L'ÉCOLE DE MÉDECINE.

Vingt-six étudiants en médecine et neuf en pharmacie, actuellement employés dans l'armée, qui ont passé trois ans dans l'ancienne École et qui réunissent les conditions exigées pour devenir officiers de santé, formeront le noyau des trois premières classes.

Quant aux nouveaux élèves qui se présenteront, il est de rigueur qu'ils soient âgés au moins de quinze ans, qu'ils écrivent correctement la langue arabe et connaissent les quatre règles de l'arithmétique.

A l'avenir, les étudiants en médecine seront fournis par les Écoles préparatoires. Les dispositions ci-dessus seront exécutoires dans le plus bref délai, et toutes dispositions contraires à la présente ordonnance sont abrogées.

L'ouverture de l'École sera faite solennellement, le premier moharem prochain, par le gouverneur du Caire, qui convoquera les ulémas et les autorités consulaires. Les membres du conseil général de santé procéderont à l'installation des professeurs.

L'hôpital d'instruction continuera à rester à Casr-el-Aïn où existe tout son matériel, jusqu'à ce que Mabiadé devienne un local convenable à cette destination.

ARTICLE ADDITIONNEL A L'ORDONNANCE DU VICE-ROI, POUR LA RÉORGANISATION DE L'HÔPITAL D'INSTRUCTION.

Vu la difficulté de trouver de sujets possédant les connaissances indispensables à des étudiants en médecine, on attachera à l'école un professeur qui enseignera, en même temps, l'arithmétique et les éléments de géométrie.

---

(1) Par une décision postérieure du Vice-Roi, le nombre des élèves entretenus est porté à 150.

L'étude d'une langue européenne est une nécessité pour les médecins arabes, afin qu'ils puissent se tenir au courant des progrès de la science et former des traducteurs.

Parmi les langues étrangères, la langue française étant le plus généralement répandue, les élèves de l'École de médecine devront faire marcher ensemble les études médicales et l'étude de cette langue. Les six années que les élèves passeront à l'école de médecine suffiront pour les rendre familiers avec la langue française.

Les deux cours ci-dessus mentionnés ne sont établis que transitoirement, jusqu'à ce que l'École préparatoire de la citadelle du Caire puisse fournir des sujets possédant ces connaissances à l'École de médecine.

DISCOURS

PRONONCÉ PAR LE DOCTEUR CLOT-BEY

A LA RÉOUVERTURE DE L'ÉCOLE DE MÉDECINE DU CAIRE

Le 16 moharem 1273 (10 septembre 1856).

MESSIEURS,

Ce n'est pas sans une vive émotion, vous le comprendrez, que je me retrouve dans cette enceinte. Il y a trente ans que, sous les auspices du grand prince qui voulait assurer à l'Égypte les bienfaits de la science, je formais l'École de médecine, dont les premiers élèves m'entourent et vont coopérer à sa réorganisation. Leur présence ici, la part qu'ils vont prendre à nos travaux, montrent assez que l'ancienne École a produit ses fruits. Nous y voyons en même temps la preuve de la différence qui existe entre l'époque présente et celle qui a vu s'élever les premières assises de cette importante institution. Alors, messieurs, les obstacles se présentaient de toutes parts et se produisaient sous toutes les formes. Les élèves qu'il nous était permis de réunir n'avaient aucune notion scientifique préparatoire; l'enseignement offrait les plus grandes difficultés par l'absence d'une langue commune; le langage technique n'existait pas: la répugnance pour les études anatomiqnes était générale. Si vous ajoutez à cela la lutte à soutenir contre des préjugés sans cesse renaissants, contre des jalousies toujours actives, contre une malveillance qui ne reculait devant aucun moyen d'attaque, vous reconnaîtrez peut-être, messieurs, qu'il a fallu quelque courage pour entreprendre une pareille tâche, de la persévérance et surtout une confiance inébranlable dans la grandeur des résultats, pour en supporter le fardeau. Heureusement qu'à défaut d'expérience j'avais un ardent désir de faire le bien; j'avais aussi ce qui rend faciles et même attrayants les plus rudes travaux: la jeunesse et la santé. Je triomphai donc des difficultés. Après six années de constants labeurs, six années pendant lesquelles j'ai toujours été soutenu par la consolante pensée de contribuer à la civilisation de l'Égypte, et, le dirai-je, par l'espoir d'attacher mon nom à la restauration des sciences sur cette terre, berceau de la science, j'ai vu mes efforts couronnés de succès.

Oui, messieurs, couronnés de succès! A ceux qui tenteraient de le contester, je n'ai qu'à présenter le procès-verbal de la séance de l'Académie de médecine de Paris, du 6 décembre 1832, séance dans laquelle furent examinés douze de nos élèves que je conduisis alors en France ; ce document atteste qu'en moins de six ans d'étude, malgré les obstacles et les entraves signalés plus haut, les élèves égyptiens présentés à l'Académie ont pu se montrer à la hauteur des étudiants d'une faculté d'Europe. Leurs progrès en français avaient été si extraordinaires qu'ils furent capables de soutenir l'examen dans cette langue.

A mesure que du sein même de l'établissement naissaient de nouvelles ressources, que les moyens d'étude et les instruments de travail s'y développaient, d'utiles changements furent successivement introduits dans son régime ; et l'École de médecine, dont le personnel enseignant s'était accru, dont la langue scientifique avait été formée, dont les élèves avaient été soumis à des études préparatoires en rapport avec l'objet spécial de l'enseignement, ne cessa, avec le temps, de recevoir de notables améliorations, que compléta sa translation d'Abou-Zabel au Caire. Mais, au fond, on peut dire que les bases de l'organisation primitive ne furent pas essentiellement modifiées, et que, de 1832 jusqu'à 1849, l'École subsista telle que je l'avais créée. Les résultats avaient d'ailleurs répondu à mes espérances ; l'utilité de l'institution n'était plus révoquée en doute. Durant cette même période, il en était sorti huit cents médecins ou pharmaciens, répartis dans les divers services publics.

A ces faits, déjà si concluants, vint s'ajouter un témoignage dont personne, à coup sûr, ne contestera l'autorité. Le célèbre docteur Lallemand était arrivé en Égypte. Le ministre de l'instruction publique eut l'heureuse idée de profiter de sa présence pour être complétement édifié sur la situation de l'École, l'état de l'enseignement, l'instruction des élèves et la nature des perfectionnements dont son organisation pouvait être susceptible. Après une inspection consciencieuse de l'établissement dans ses détails et dans son ensemble, après avoir lui-même procédé à des examens rigoureux, le savant professeur de Montpellier déclara, dans un rapport raisonné, en date du 1er janvier 1849, qu'il ne voyait rien à ajouter ou à changer à ce qui existait alors.

C'est peu de temps après, messieurs, que je quittai le service. Je ne suivrai pas l'histoire de l'École de médecine dans les changements qui s'y opérèrent depuis le moment où je cessai d'en avoir la haute direction. Il ne saurait me convenir de discuter des actes auxquels je suis resté étranger, et je m'abstiendrai d'apprécier les idées et peut-être les sentiments sous l'inspiration desquels une nouvelle organisation fut arrêtée. Ce que je sais, et ce que nous avons le droit de constater, c'est qu'à l'avénement du prince éclairé qui gouverne aujourd'hui l'Égypte, l'École de médecine avait tellement perdu de son importance et paraissait tellement frappée de stérilité, qu'il fut plus facile d'en ordonner la suppression que de pourvoir à sa réforme. Mais le rétablissement de l'École de médecine n'avait jamais cessé d'être dans la pensée du vice-roi. Nous en avons pour garants non-seulement la mission dont Son Altesse a daigné m'honorer, mais encore le vif intérêt qu'elle a mis à l'examen des propositions que j'ai eu l'honneur de lui soumettre, et l'empressement avec lequel elle a bien voulu accueillir un projet qui fait peser sur son gouvernement des charges de plus d'un genre. Le vice-roi, messieurs, cédant à ses généreuses inspirations, n'a reculé devant aucune difficulté, devant aucun sacrifice, pour assurer la reconstitution de l'École sur de solides fondements. C'est vous dire assez le prix qu'il y attache, et l'étendue des devoirs que ses libérales intentions vous imposent.

Vous remplirez, messieurs, la tâche qui vous est confiée; vous répondrez dignement à la confiance de Son Altesse, j'en ai la ferme conviction.

Bien que présentant encore des difficultés, l'œuvre que vous avez à accomplir est beaucoup moins compliquée aujourd'hui qu'à l'origine même de nos travaux. Les maîtres et les élèves se trouvent maintenant dans des conditions à tous égards préférables à celles qui existaient à l'époque où l'École fut fondée. Sans doute, messieurs, je ne veux pas le dissimuler par une fausse modestie, l'énergie que j'ai mise, il y a trente ans, au service de l'institution, vous fera quelquefois défaut. Mais vous avez en compensation, pour garantie de vos succès, le changement qui s'est opéré dans les mœurs et dans les idées, et l'affaiblissement des préjugés. Vous avez pour vous la pratique déjà éprouvée des principes qui m'ont servi de règle et les fruits de nos travaux. En effet, vous possédez une langue scientifique, la traduction d'un grand nombre d'ouvrages classiques, et des élèves familiarisés avec les notions élémentaires de la science. Les éminents praticiens qui nous apportent le concours de leurs lumières et de leur expérience, trouvant désormais des interprètes familiarisés avec l'étude de la langue médicale, ajouteront puissamment aux ressources de l'enseignement.

Puisque j'ai parlé de règles, permettez-moi de rappeler en peu de mots quelques-unes de celles qui ont servi de bases à l'organisation de l'École.

Contrairement à ce qui se pratique en Europe, les élèves de l'École de médecine du Caire, entretenus aux frais du gouvernement, et jouissant d'une solde, sont soumis au régime collégial. Il en résulte que les étudiants trouvent réunis dans le même établissement tous les moyens d'instruction théorique et pratique; qu'ils ne sont plus dans l'obligation de parcourir des distances plus ou moins longues pour se rendre soit aux amphithéâtres, soit aux hôpitaux ; et que, constamment placés sous une surveillance active, aucune cause de distraction ne les enlève à leurs études.

A cet avantage, nous avons ajouté ceux non moins importants de la répétition journalière des cours et de la rédaction des leçons par chaque élève. Vous conserverez, je n'en doute pas, messieurs, une méthode qui se recommande par ses succès.

Deux opinions ont été débattues sur le meilleur moyen d'introduire les arts et les sciences de l'Europe en Égypte. L'une préconise l'envoi à l'étranger de sujets nationaux, pour y recevoir une instruction complète, afin qu'ils rapportent dans leur pays les connaissances qu'ils auront acquises; l'autre recommande le système contraire, qui consiste à appeler des professeurs étrangers, pour leur confier l'enseignement dans les Écoles nationales.

Le premier mode présente, selon nous, plusieurs inconvénients : 1° on ne connaît pas la vocation des élèves qu'on envoie à l'étranger, et par conséquent on risque de les destiner à des études pour lesquelles ils ne seraient pas aptes ; 2° la langue arabe exige de si longues études, qu'il arrivera de deux choses l'une : ou les élèves partiront d'Égypte trop jeunes pour en avoir une parfaite connaissance, et alors ils l'oublieront en cessant de la cultiver, ce qui, à leur retour, les placerait dans les mêmes conditions que les professeurs étrangers; ou ils partiront assez âgés pour bien connaître leur langue, et, dans ce cas, ils le seront trop pour en apprendre facilement une autre; 3° les élèves égyptiens étant dans la nécessité, dès leur arrivée en Europe, de donner plusieurs années à l'étude de la langue du pays qu'ils habiteront, ce n'est que très-tard qu'ils pourront commencer les études spéciales.

La seconde manière de procéder nous a toujours paru préférable. D'abord, elle est exempte des inconvénients que nous venons de signaler; en second lieu, elle ne restreint pas l'enseignement à un petit nombre de sujets; enfin, elle est beaucoup moins dispendieuse.

Je ne saurais passer sous silence une opinion à laquelle le mérite de celui qui l'a exprimée donne une grande valeur. M. le professeur Ranzi, de Florence, que distinguent au même degré un profond savoir et un noble caractère, pensait que l'enseignement devait être pratiqué en français à l'École de médecine du Caire. Je crois que l'honorable professeur serait revenu de cette idée, si une plus longue expérience de l'instruction élémentaire des élèves lui avait fait comprendre qu'il était fort difficile, pour ne pas dire impossible, de la mettre à exécution. Ce n'est, en effet, que par exception que les jeunes gens entrant à l'École savent assez le français pour suivre des cours scientifiques dans cette langue, et l'on ne peut en faire usage dans l'enseignement médical qu'après plusieurs années d'études préparatoires. Il y a d'ailleurs une considération dont nous devons tenir compte, c'est que l'enseignement dans une langue étrangère en restreint l'efficacité; qu'il n'a jamais pour effet de naturaliser la science et d'en généraliser les bienfaits. L'introduction des études scientifiques en Égypte à l'aide de l'idiome du pays et par le moyen des écoles nationales, voilà le système auquel l'expérience et la raison commandent de s'arrêter. Nous nous y attachons avec d'autant plus de confiance qu'il est toujours possible d'en compléter les avantages en envoyant en Europe, pour y perfectionner leur éducation, ceux des élèves qui se seront le plus distingués dans le cours de leurs études.

Messieurs, vous ne l'ignorez pas, telle est d'ailleurs la marche qu'on a généralement suivie chez tous les peuples qui ont été successivement initiés à la civilisation.

Ce n'est pas que nous méconnaissions l'utilité d'une langue européenne. Nous sommes, au contraire, convaincus que la connaissance en est indispensable dans toutes les carrières scientifiques; car c'est l'unique moyen, pour ceux qui les suivent, de se tenir au courant des progrès que réalise le mouvement incessant de l'esprit humain! Aussi, en créant l'École de médecine, avais-je eu le soin d'y annexer une École préparatoire, dont le programme comprenait l'étude du français. C'est par la même raison qu'une classe de langue française est établie dans la nouvelle École, afin de combler cette lacune de l'instruction, jusqu'au moment où la grande École préparatoire, que le vice-roi a eu la généreuse pensée de fonder, pourra fournir des sujets aptes aux études spéciales.

Tel est, ce me semble, le moyen le plus sûr de régénérer l'Égypte et de lui rendre quelque chose de l'éclat dont elle brilla jadis. Mais à quoi serviraient nos efforts, s'il fallait en croire des esprits prévenus et irréfléchis, qui, ne tenant aucun compte de la supériorité intellectuelle que l'anthropologie et l'histoire accordent aux Égyptiens, s'obstinent à refuser à la famille nilotique la puissance de se régénérer. Cette opinion, injuste autant qu'erronée, ne tend à rien moins qu'à laisser croupir dans son ignorance et sa barbarie actuelles le peuple qui fut l'instituteur du monde. Les Égyptiens de nos jours sont encore les enfants de cette Égypte qui marcha à la tête de la civilisation antique, qui a donné des leçons à la Grèce, et qui sous le règne des califes a de nouveau compté de brillantes années de gloire et de prospérité. Gémissants dans la servitude, courbés sous le joug des grossiers mamelouks, leurs heureuses facultés ont été étouffées, leur génie s'est éclipsé; avec un bon gouvernement, et grâce aux bienfaits de l'instruction, l'instinct national se réveillera, et les Égyptiens se montreront dignes de leurs pères. On en a pour gage la transformation qui, durant le règne de Mohammed-Aly, s'est déjà opérée en eux. Quels étaient ces soldats pleins de courage et d'énergie qui, supportant avec une résignation héroïque les fatigues et les privations d'une guerre lointaine, ont étonné le monde par leurs victoires? Des Égyptiens; ces mêmes fellahs qui, dégradés par le mépris de leurs dominateurs, tremblaient naguère devant un cawas turc ou un insolent Albanais! Quels étaient ces jeunes gens qui, transportés à leur sortie de l'École au centre même de la civilisation, ont obtenu des corps savants de l'Europe des couronnes et des titres académiques? Des Égyptiens, relevés par quelques années d'études de leur déchéance intellectuelle. Qu'on cesse donc d'opposer au témoignage des faits des théories que repoussent également la logique et l'amour de l'humanité! Si le caractère des Égyptiens est entaché de graves défauts, si des vices même en obscurcissent les éminentes qualités, il faut s'en prendre au régime sous lequel ils ont trop longtemps vécu; il faut y voir surtout le résultat du manque de cette éducation première qui seule peut développer dans le cœur de l'homme le sentiment du bien et les principes d'une saine morale. Le temps, une bonne administration et les lumières de la science feront disparaître des imperfections qui, chez le peuple égyptien, ne sont, après tout, que la conséquence et l'empreinte de ses longs malheurs.

C'est aux professeurs de cette École qu'il appartient de détruire, par le résultat de leurs travaux, une prévention qui serait encore regrettable, alors même qu'elle serait fondée. C'est dans leurs enseignements et dans leurs exemples que les étudiants trouveront le moyen de la démentir, en y puisant, avec l'instruction qui développe les facultés de l'esprit, les sentiments philanthropiques et les vertus sociales qui élèvent l'exercice de la médecine à la hauteur d'un sacerdoce.

Vous me pardonnerez, messieurs, de m'être arrêté, avec trop de complaisance peut-être, sur des détails dont il était sans doute superflu de vous entretenir; car votre indulgence attribuera ce long retour vers le passé à un sentiment bien naturel de ma part, l'ardente sollicitude dont je suis animé pour une œuvre à laquelle j'ai consacré, avec les plus belles années de mon existence, tout ce que la Providence divine m'avait départi de force et d'intelligence.

Puisque la vie est rendue à une institution si éminemment utile, puisque son avenir vous est confié, nous sommes en droit d'espérer qu'elle produira tous les fruits que le pays en attend.

Deux mobiles puissants entretiendront constamment, messieurs, votre zèle et votre émulation: l'importance de la mission humanitaire dont vous êtes chargés, et les sentiments de gratitude et de dévouement dont nous sommes profondément pénétrés envers le prince qui restaure l'École de médecine. Il manifeste par cet acte éclatant son amour de la science, la bonté de son cœur et l'intérêt qu'il porte au bien-être de la population de l'Égypte.

CHAPITRE VII.

RÈGLEMENT INTÉRIEUR DE L'ÉCOLE DE MÉDECINE DU CAIRE.

ART. Ier.

Nomination du personnel. — Les directeurs, sous-directeurs, professeurs et autres fonctionnaires attachés à l'École, sont nommés par le vice-roi sur la proposition du conseil de santé.

ART. II.

Admission des élèves. — Aucun élève ne pourra être admis à l'École, s'il ne jouit d'une parfaite santé et s'il n'écrit correctement la langue arabe, ce dont on s'assurera par un examen préalable. On n'en admettra point non plus avant l'âge de quinze ans ou après celui de vingt ans.

ART. III.

Les élèves de l'Ecole de médecine sont pris dans les Écoles préparatoires. Néanmoins tout autre élève qui réunirait les conditions énumérées dans l'article précédent, pourrait y être admis.

ART. IV.

Programme des cours. — Au commencement de chaque année scolaire les professeurs se réunissent pour discuter le programme des cours qui doivent être faits pendant l'année.

Ce programme indiquera la division générale des matières, l'ordre de leur exposition, le nombre approximatif des leçons et leur durée probable.

Les professeurs s'entendront pour qu'il y ait, autant que possible, unité de doctrine et de nomenclature dans l'enseignement général, afin d'éviter l'inconvénient qu'il y aurait à mettre des élèves peu préparés en présence de systèmes différents.

Les professeurs devront s'attacher à présenter, dans leurs leçons, des notions claires, précises et à la portée de l'intelligence des élèves. A cet effet, les professeurs devront écrire leurs leçons et en exposer le sujet, d'après l'ordre qu'ils suivront dans leurs cours. Ils adopteront le plan qui leur paraîtra le plus convenable, sans s'astreindre à suivre celui qui a été adopté dans les ouvrages imprimés, dont les plus élémentaires contiennent toujours des recherches d'érudition au moins inutiles dans des cours d'application, et qui supposent un ensemble de connaissances, que ne possèdent pas les indigènes.

Art. V.

Distribution des cours en deux saisons. — L'année scolaire sera divisée en deux parties : l'une comprenant la saison d'hiver (du 1er octobre au 1er mars) et l'autre celle d'été (du 1er mars au 1er octobre).

Le mois de ramazan, devant toujours être consacré aux vacances, sera prélevé sur la distribution semestrielle des études.

Art. VI.

Saison d'hiver. — C'est pendant cette dernière saison qu'auront lieu les cours, les études d'anatomie et de chirurgie opératoire. Ces études se feront tous les jours, le matin.

La clinique médicale et la clinique chirurgicale auront lieu tous les jours de l'année après la visite, sans préjudice des autres cours.

Art. VII.

Saison d'été. — C'est pendant cette saison que se feront les autres leçons portées sur le programme ou sur le tableau de l'enseignement.

Les professeurs consacreront chaque jeudi à la récapitulation des matières enseignées pendant la semaine, afin de s'assurer si les élèves ont bien compris les leçons ; le premier jour du mois, ils les interrogeront sur les différentes matières qui leur auront été enseignées dans le courant du mois.

Chaque professeur tiendra à cet effet un état nominal des élèves qui suivront son cours. Cet état sera divisé en colonnes. Dans la première colonne, le nom de l'étudiant sera inscrit ; dans la seconde, la nature du cours ; dans la troisième, l'annotation que chaque élève aura méritée ; enfin, dans la quatrième, on mentionnera la conduite et l'intelligence de l'élève.

Après chaque examen, les notes seront réunies au bureau de la direction et présentées au conseil d'instruction et de discipline qui statuera sur les moyens à prendre dans l'intérêt de l'enseignement.

Art. VIII.

Horaire. — Il sera établi un horaire ou tableau réglant les heures des exercices de la journée et l'ordre de leur succession. Cet horaine sera arrêté, d'une manière invariable, tous les semestres.

Art. IX.

Entrée des élèves aux cours. — Chaque leçon sera annoncée au son du tambour dix minutes avant l'heure de la rentrée. Les élèves devront se rendre en corps, deux à deux, cinq minutes après le signal.

Art. X.

Appel des élèves. — Avant de commencer son cours, chaque professeur fera faire par un surveillant l'appel nominal des élèves. Il prendra note de ceux qui se trouveraient absents.

Art. XI.

Durée des leçons. — La durée de chaque leçon devra être d'une heure au moins.

Art. XII.

Traduction des leçons. — Chaque leçon donnée par le professeur européen sera traduite d'avance et dictée aux élèves par les professeurs nationaux.

Les leçons des professeurs nationaux seront également dictées avant la leçon.

Art. XIII.

Révision des cours. — Deux reviseurs seront attachés à l'Ecole. Ils seront chargés, de concert avec les traducteurs, de la révision des cours qui devront être imprimés.

Art. XIV.

Observations particulières sur les matières de l'enseignement.

Physique. — Indépendamment des notions de physique générale, le professeur, chargé de cet enseignement, insistera sur les applications qui doivent en être faites à la médecine.

Chimie. — Les leçons théoriques de chimie inorganique et organique devront être appuyées sur des expériences pratiques.

La pharmacologie sera enseignée indifféremment aux élèves des deux sections; ils devront aussi apprendre la toxicologie et la manière de faire les analyses toxico-légales.

Botanique. — Cette leçon devra s'appliquer autant que possible aux plantes médicinales, et la démonstration devra en être faite sur la plante même, fraîche ou desséchée.

Anatomie descriptive. — Les démonstrations anatomiques devront toujours avoir lieu sur le cadavre, en s'aidant toutefois des pièces anatomiques artificielles. Le professeur exigera que les élèves dissèquent eux-mêmes. Ils doivent être surveillés par le chef des travaux anatomiques.

Physiologie. — Les descriptions physiologiques devront être faites en exposant aux yeux des élèves les organes servant aux fonctions qui sont décrites.

Hygiène. — L'hygiène publique, ainsi que l'hygiène privée, devront particulièrement s'appliquer à la topographie de l'Égypte.

Pathologie. — Les professeurs de pathologie interne et de pathologie chirurgicale devront s'appliquer à ce qu'il y ait un accord parfait entre l'enseignement théorique et l'application pratique.

Clinique. — Les professeurs de clinique réuniront, dans leur salle, les divers genres de maladies et les cas les plus intéressants. Après chaque visite, ils tiendront des conférences pratiques sur les malades en traitement.

Les élèves qui suivent la clinique auront un cahier sur lequel ils écriront les leçons orales qui leur auront été faites; mais, avant de les transcrire, ils les soumettront à la révision du professeur adjoint ou du chef de clinique.

Tout malade traité à la clinique devra être le sujet d'une observation rédigée par un élève désigné, qui, après avoir rapporté ce qui concerne les circonstances commémoratives, déterminera autant que possible le siége et la nature de la maladie, en appuyant son diagnostic d'une exploration exacte de l'énoncé des signes et symptômes. C'est sur ces données qu'il établira le mode de traitement.

Si l'individu succombe, il complétera son observation par l'autopsie, afin de rechercher la nature des lésions qui ont amené la mort.

Clinique médicale. — La clinique médicale doit spécialement embrasser les maladies propres à l'Égypte, en choisissant autant que possible celles qui sont le mieux caractérisées.

Elle embrassera aussi les principaux types des maladies de la peau et des maladies vénériennes. Ces deux genres de maladies pourraient former chacun des divisions à part, où des leçons de clinique seraient établies et confiées, si on le jugeait convenable, à des professeurs adjoints.

Clinique chirurgicale. — Dans le traitement des affections chirurgicales il sera procédé de la même manière que pour la clinique médicale. Le professeur de clinique chirurgicale traitera des maladies des yeux, qui pourraient, au besoin, être le sujet d'un cours supplémentaire.

Quand il sera dans le cas de faire une opération, le professeur la fera précéder d'une description d'anatomie topographique de la région, ainsi que de la démonstration du procédé opératoire.

Anatomie pathologique. — Le professeur d'anatomie pathologique fera, indépendamment de son cours, toutes les autopsies, afin de faire passer, sous les yeux des élèves, les altérations pathologiques du tissu ou des organes, au fur et à mesure que les cas se présenteront quand une autopsie se fera, sur un sujet sortant d'une des salles de clinique, afin que ce dernier puisse faire profiter ses élèves du résultat de l'ouverture du corps.

Art. XV.

Répétitions et répétiteurs — Outre les leçons données par les professeurs, les élèves auront des heures d'études et de répétitions. Le temps pendant lequel elles devront avoir lieu sera réglé par les directeurs et professeurs réunis et combiné avec l'ensemble du service pour ne pas empiéter sur le repos et les récréations. Dans tous les cas, une répétition, le soir, sera de rigueur. Cette répétition commencera après le coucher du soleil.

Les élèves seront divisés en cinq classes répondant aux années d'études. A chaque classe sont affectés deux répétiteurs ou un seulement, selon le nombre des élèves qui la composent.

Ces répétiteurs prennent le titre de chef d'étude. Ils sont chargés d'expliquer aux élèves les leçons qui auront été faites dans la journée. Chaque répétiteur fera l'appel des élèves de sa section.

Art. XVI.

Surveillance des études. — Les professeurs adjoints seront chargés, à tour de rôle, pendant une semaine, de la surveillance et de la police des salles d'études.

A la fin de chaque étude, les chefs de section remettront au chef d'étude la note des élèves inattentifs ou peu studieux, afin qu'il la présente le lendemain au sous-directeur.

Art. XVII.

Distribution des élèves en cinq classes ou divisions. — La durée de l'enseignement médical est de cinq ans; cependant les élèves pourront passer une sixième année à l'École, si des circonstances graves leur ont occasionné une suspension forcée de travail. Le conseil d'instruction de l'École en sera juge.

Les élèves sont répartis en cinq classes ou divisions. La cinquième division sera composée des élèves nouvellement admis; la quatrième, des élèves qui auront complété les cours de la cinquième, et ainsi de suite jusqu'à la première.

Art. XVIII.

Répartition des matières de l'enseignement pour la section de médecine. — Les cours sont suivis par les élèves des cinq divisions de la manière suivante :

Première année. — Cours suivis par les élèves de la cinquième division :

Introduction à l'étude des sciences naturelles;
Physique;
Chimie organique;
Géologie;
Minéralogie.

Deuxième année. — Cours suivis par les élèves de la quatrième division :

Physique;
Chimie inorganique;
Chimie organique;
Botanique;
Zoologie;
Anatomie.

Troisième année. — Cours suivis par les élèves de la troisième division :

Anatomie;
Physiologie;
Chirurgie ministrante;
Pathologie interne;
Pathologie externe;
Matière médicale et thérapeutique.

Quatrième année. — Cours suivis par les élèves de la deuxième division :

Pathologie interne;

Pathologie externe;
Clinique interne;
Clinique externe;
Anatomie pathologique.

Cinquième année. — Cours suivis par les élèves de la première division :

Clinique interne;
Clinique externe;
Anatomie chirurgicale et médecine opératoire;
Ophthalmologie;
Hygiène;
Médecine légale.

ART. XIX.

Répartition des matières de l'enseignement pour la section de pharmacie.

Première année.

Introduction à l'étude des sciences naturelles;
Physique;
Histoire naturelle : géologie, minéralogie.

Deuxième année.

Histoire naturelle (botanique);
Physique;
Chimie élémentaire.

Troisième année.

Chimie générale;
Chimie pharmaceutique;
Exercices pharmaceutiques à la pharmacie de l'hôpital.

Quatrième année.

Chimie analytique;
Chimie pharmaceutique;
Matière médicale à la pharmacie de l'hôpital.

Cinquième année.

Chimie analytique;
Matière médicale;

Exercices pharmaceutiques à la pharmacie de l'hôpital.
Comptabilité pharmaceutique.

Art. XX.

Des examens. — A la fin de chaque année scolaire et avant les quinze derniers jours du mois de chaâban, il y aura un examen général des élèves.

Cet examen sera fait par un jury composé des directeurs et des professeurs de l'École et présidé par un membre du Conseil de santé.

Ces examens seront publics et auront pour objet de constater l'instruction que les élèves auront acquise dans le courant de l'année écoulée.

Les élèves ne pourront passer d'une division à l'autre qu'après avoir subi les examens de fin d'année.

Dans le cas où un élève ne subirait pas son examen d'une manière satisfaisante, il serait maintenu, pour une année, dans la division dont il viendrait de suivre les cours. Dans le cas où un élève, après être resté deux ans dans la même division, serait déclaré une seconde fois incapable de passer dans la division supérieure, il serait renvoyé de l'École et placé dans le corps des infirmiers-majors.

Les élèves de la première division qui auront achevé leurs cours, subiront des examens de sortie. C'est d'après le résultat de ces examens que les élèves sortants seront placés, par le Conseil de santé, dans les différents postes du service médical.

Le résultat des examens sera consigné dans un procès-verbal signé par les membres du jury. Ce procès-verbal sera fait en triple : un exemplaire sera adressé à l'une des autorités supérieures; l'autre au Conseil général de santé; le troisième sera déposé dans les archives de l'École.

Le jury d'examen proposera des prix en récompense pour les élèves qui auront le mieux satisfait aux questions qui leur auront été posées.

D'après les examens, le jury classera les élèves d'une même division par ordre de mérite.

Dans le classement des élèves et dans la distribution des récompenses, il sera tenu compte des notes obtenues dans le courant de l'année sur la conduite des élèves et leur assiduité au travail.

Art. XXI.

Renouvellement des élèves. — Les élèves sortants seront remplacés par un nombre égal d'élèves qui auront dû se faire inscrire à l'École dans l'intervalle des examens, afin de pouvoir commencer leurs études à la rentrée des classes.

Art. XXII.

Vacances. — Les vacances commenceront le 1er ramazan et finiront le 5 chawal; néanmoins, l'ouverture du cours n'aura lieu que le 15 du même mois. Avant que les professeurs et les élèves entrent en vacances, le conseil de l'école pourvoira à ce que le service de l'hôpital puisse se faire régulièrement et sans aucun préjudice pour les malades.

Il désignera à cet effet la moitié des professeurs et des élèves attachés aux salles et à la pharmacie pour la première moitié des vacances, et l'autre moitié pour le reste du temps.

Les élèves qui n'auront pas satisfait aux examens ne jouiront pas des vacances. Ils feront donc le service de l'hôpital pendant tout ce temps.

Art. XXIII.

Régime et discipline de l'école. — L'école sera soumise au régime militaire. Les élèves seront casernés. Les punitions qui leur seront infligées sont :

1° La réprimande ;
2° La privation de sortie ;
3° La salle de police ;
4° La retenue d'une partie de la solde ;
5° La prison simple ;
6° La prison avec retenue de solde ;
7° Le renvoi de l'école.

Le dernier degré de punition ne sera infligé que sur la décision du conseil des professeurs.

L'élève dont le renvoi aura été décidé sera placé dans le service de l'infirmerie.

Tout élève qui manquera à l'appel des visites ou des répétitions, sera privé de la sortie du vendredi. En cas de récidive dans le courant du même mois, il perdra huit jours de sa solde.

Un élève qui s'absentera de l'école pendant vingt-quatre heures serait puni de huit jours d'arrêts et d'une retenue de huit jours de solde.

En cas de récidive, il serait puni d'un mois d'arrês et de la retenue de solde pendant tout ce temps.

Tout élève qui manquerait de respect aux professeurs ou à tout autre fonctionnaire de l'établissement, sera puni selon la gravité de sa faute.

Tout élève qui se rendra coupable d'un acte d'insubordination ou d'immoralité sera traduit devant le conseil de l'école qui statuera sur la punition à infliger.

Les professeurs qui auraient à se plaindre de la conduite d'un élève ne pourront leur infliger de leur chef une punition de plus de trois jours.

Le Nazir attaché à l'école sera chargé de faire exécuter les punitions infligées aux élèves d'après les notes qui lui seront remises par les directeurs.

Art. XXIV.

Directeurs. — Le directeur de la section de médecine et celui de la section de pharmacie, outre les fonctions qui leur sont dévolues, en leur qualité de médecin ou de pharmacien en chef de l'hôpital, ont chacun la direction de toutes les parties de l'enseignement de leur section respective. Ils veillent à l'exécution des règlements, à celle des mesures arrêtées par le conseil des professeurs et tiennent correspondance avec le conseil de santé.

Ils s'entendent, chacun en ce qui le concerne, avec l'officier comptable de l'établissement (nazir) pour tous les besoins et toutes les réclamations qui ont à l'enseignement.

Dans le cas où l'un des directeurs serait absent, son remplaçant provisoire serait proposé à la décision du conseil de santé.

Le directeur tiendra un registre de contrôle des élèves, un registre de la correspondance active et un troisième de la correspondance passive ou protocoles.

Art. XXV.

Du sous-directeur national. — Le sous-directeur national surveille tous les détails du service journalier et en rend compte au directeur. Sa surveillance s'exerce spécialement sur la répétition des cours. Il est chargé, en outre, de la direction des travaux de traduction et de révision.

Art. XXVI.

Conseil d'instruction et de discipline de l'école. — Le conseil, composé de tous les professeurs titulaires nationaux et étrangers, s'assemble une fois par mois, ou plus souvent, selon le besoin. Il est présidé, à tour de rôle, par semestre ou par quartier, par l'un des directeurs.

La mission de ce conseil est de maintenir la discipline et la régularité des cours, l'observation du programme, la pratique de tous les exercices et travaux. Le conseil des professeurs tiendra un registre sur lequel seront inscrites toutes ses délibérations.

Il a encore pour objet de procurer aux professeurs le moyen de se communiquer leurs observations sur le service et les maladies régnantes, et de se concerter sur les mesures à prendre dans l'intérêt des malades, pour le succès de l'enseignement et autres améliorations.

Le professeur le plus jeune remplit les fonctions de secrétaire du conseil; néanmoins, un autre professeur peut en être chargé. Les procès-verbaux des délibérations sont inscrits sur un registre que l'autorité administrative, comme le conseil général de santé, peuvent se faire présenter toutes les fois qu'ils le jugeront convenable.

Art. XXVII.

Enseignement accessoire. — Cet enseignement comprend l'étude de la langue française; elle devra se prolonger, pour chaque élève, jusqu'à la fin des cinq années; l'arithmétique et la géométrie élémentaire seront enseignées pendant les deux premières années.

Art. XXVIII.

Matériel nécessaire à l'enseignement. — Il y aura, pour l'enseignement : une bibliothèque, une collection d'instruments de physique, un laboratoire de chimie et de pharmacie, une collection de pièces artificielles d'anatomie et une autre d'anatomie pathologique, une collection zoologique et minéralogique, une collection de matières médicales et un jardin botanique où seront cultivées les plantes nécessaires à l'enseignement.

Art. XXIX.

Conservation des collections. — La conservation de la bibliothèque sera confiée au professeur de langue française et de mathématiques secondé par deux élèves.

Le cabinet de physique, au professeur-adjoint d'histoire naturelle secondé par deux élèves.

Le cabinet de chimie, au professeur-adjoint de chimie et deux élèves.

La collection d'histoire naturelle, au préparateur et deux élèves.

La collection de matière médicale, au professeur-adjoint.

La collection d'instruments de chirurgie, au professeur-adjoint de médecine opératoire.

Les collections d'anatomie, au professeur-adjoint d'anatomie secondé par le chef des travaux anatomiques et deux élèves.

Le jardin botanique sera placé sous la surveillance du professeur-adjoint d'histoire naturelle assisté de deux élèves.

ART. XXX.

Personnel d'artistes et d'ouvriers. — Il sera attaché à l'école un artiste chargé de l'entretien et de la réparation des instruments de physique et de chimie; un coutelier chargé de l'entretien et de la réparation des instruments de chirurgie.

Un jardinier en chef et deux aides seront chargés de l'entretien du jardin botanique.

ART. XXXI.

Habillement des élèves. — Les élèves recevront trois habillements par an : un en drap et deux en toile de coton. Ces habillements seront composés d'une veste (anteri) et d'un pantalon large (chawal).

L'habillement en drap sera donné au commencement de l'hiver et ceux en toile au commencement de l'été. Ils auront en outre un fez (tarbouch), une ceinture, deux paires de souliers (babouches) trois caleçons et trois calottes blanches (takiés).

ART. XXXII.

L'habillement sera en drap bleu; les professions seront distinguées par la couleur du collet et des parements qui seront en velours rouge pour les étudiants en médecine et en velours vert pour les étudiants en pharmacie. Les classes seront distinguées de la manière suivante :

1° Les élèves de la cinquième classe n'auront aucun signe distinctif.

2° Les élèves de la quatrième, porteront un galon en laine jaune ou en or sur les parements.

3° Ceux de la troisième, deux.

4° Ceux de la deuxième, trois.

5° Ceux de la première, quatre.

ART. XXXIII.

De la nourriture.—Les élèves seront nourris dans l'établissement, les aliments leur seront fournis tout préparés; ils feront deux repas par jour, le matin, une heure avant midi, et le soir une heure avant le coucher du soleil (mogreb). Ils devront manger dans des réfectoires et à table. Les repas ne dureront pas plus de vingt minutes chacun. Ils seront présidés par le Nazir ou son adjoint qui maintiendra l'ordre et le silence; il ne permettra en aucune manière, que des aliments soient portés hors du réfectoire.

ART. XXXIV.

La ration sera établie comme dans les autres écoles et les élèves seront munis des ustensiles nécessaires.

ART. XXXV.

Du coucher, du lever et de la propreté. — Les élèves coucheront tous dans des dortoirs et dans des lits en fer confortablement garnis. Ils se coucheront à trois heures de nuit et se lèveront à l'aube, ce qui sera annoncé au son du tambour. Il leur est accordé une demi-heure pour s'habiller, faire leur lit, se laver les pieds, les mains et la figure et passer à l'inspection. Chaque chef de section veillera, à tour de rôle, au maintien de l'ordre et la propreté.

ART. XXXVI.

Chaque semaine, les élèves changeront de linge et iront au bain une fois.

Chaque section sera inspectée tous les matins par son chef respectif.

Tous les vendredis il sera fait par le Nazir une inspection générale de la tenue des élèves avant leur sortie.

ART. XXXVII.

Caisse de retenue. — Il sera fait une retenue de 5 p. 100 sur la paye de chaque élève pour former une caisse commune destinée à l'entretien des vêtements et de la chaussure. Il sera versé dans cette caisse le résultat des amendes pécuniaires imposées comme châtiment aux élèves. Cet argent sera déposé dans un coffre fermé à trois clefs différentes. Le directeur de la section de médecine et celui de la section de pharmacie auront, chacun, une clef, et la troisième sera remise au Nazir de l'école. Le coffre s'ouvrira toutes les fois que besoin sera.

Aucune somme ne pourra en être extraite sans qu'un procès verbal, dressé par les directeurs et le Nazir en chef, n'en motive l'emploi.

Il sera tenu un registre d'entrée et de sortie qui indiquera la somme fournie et le nombre des élèves, afin qu'à leur sortie, on puisse retenir ou restituer la totalité ou une partie de masse, selon les fournitures qui lui auront été faites.

Les sommes résultant des punitions, seront employées à l'achat de livres et autres objets qui seront donnés en prix.

Art. XXXVIII.

Appointements des élèves. — La solde des élèves sera réglée, selon l'ordonnance du vice-roi, relativement au rétablissement des écoles.

Art. XXXIX.

Action du conseil de santé sur l'école. — Le conseil de santé a la direction supérieure du service et de l'enseignement de l'école.

DU NAZIR DE L'ÉCOLE ET DE SES ATTRIBUTIONS.

Article premier.

Il y aura un officier comptable (Nazir) spécialement attaché à l'école de Médecine.

Art. II.

Cet officier comptable aura, sous l'autorité du directeur, la police de l'école. Il veillera :

A l'exactitude des heures du lever et du coucher des élèves ; à la bonne tenue des dortoirs et des réfectoires et à l'ordre que l'on devra y observer aux heures des repas, à la tenue et la propreté des élèves ; à la stricte exécution des appels du matin et du soir ; à l'envoi immédiat des élèves malades dans les salles et à l'inscription de leur nom sur une liste affichée à l'amphithéâtre, afin que les professeurs puissent se rendre compte des absents.

Art. III.

Les élèves atteints de la gale ou de la syphilis, devront assister à tous les cours ; il leur sera assigné une place séparée.

Art. IV.

Le Nazir obligera les élèves à se rendre en ordre et en conservant les rangs, aux différents cours, aux répétitions et aux réfectoires.

Art. V.

Il ne permettra à aucun élève de s'arrêter dans les salles de malades à moins que leur service ne les y appelle.

ART. VI.

Il veillera à ce que les élèves ne troublent point la tranquillité, l'ordre et la subordination et à ce qu'aucun ne s'absente durant le cours des leçons.

ART. VII.

Le nazir sera chargé de faire exécuter toutes les punitions infligées aux élèves. Ces punitions devront être portées sur une liste qui lui sera remise par le professeur de semaine.

ART. VIII.

Le nazir ne pourra infliger que les punitions mentionnées dans le règlement.

ART. IX.

Il aura sous son autorité, les barbiers, les tailleurs, les cordonniers, les cuisiniers et tous les domestiques chargés de la tenue des dortoirs, réfectoires et salles d'études.

ART. X.

Le nazir aura sous sa surveillance et sous sa responsabilité tout le matériel comprenant : les effets de literie, les vêtements des élèves, les tables et ustensiles de réfectoire et de cuisine, l'éclairage, le chauffage et la blanchissage, etc.

ART. XI.

Le nazir fera des tournées journalières à la cuisine pour s'assurer si les aliments y sont bien préparés et si les élèves en reçoivent les quantités accordées.

ART. XII.

Le réfectoire sera balayé après chaque repas.

ART. XIII.

Les dortoirs seront balayés tous les jours après que les lits auront été faits.

ART. XIV.

Les salles d'études et les amphithéâtres seront balayés après chaque leçon.

ART. XV.

Les lits devront être faits chaque jour, le matin, immédiatement après le lever.

chaque semaine, et plus souvent si le besoin l'exige, ils seront visités et purgés des insectes qui auraient pu s'y introduire. Le nazir ne permettra pas aux élèves d'y coucher pendant le jour.

ART. XVI.

Le linge de table et les essuie-mains seront renouvelés les vendredi et mardi de chaque semaine.

ART. XVII.

Les ustensiles de table seront lavés à l'eau chaude à l'issue de chaque repas.

ART. XVIII.

Le nazir de l'école veillera soigneusement à l'entretien des meubles, ustensiles, objets de literie, etc., appartenant à l'école. Il fera réparer immédiatement ceux qui en auraient besoin.

ART. XIX.

Il mettra sur le compte des élèves toutes les dégradations qui auraient été faites par eux aux ustensiles, linge, vitrage, etc.

ART. XX.

Il fera laver les vitres tous les trois mois et blanchir les salles au lait de chaux chaque année au commencement du printemps. Les couvertures en laine seront lavées à la fin de chaque été; les matelas rebattus une fois par an et leur toile lavée.

ART. XXI.

Le nazir veillera à ce que les élèves aient constamment leurs vêtements en bon état et fera réparer de suite ceux qui en auraient besoin.

ART. XXII.

Il veillera à ce que les élèves changent de chemise et de caleçon tous les vendredis en hiver, les vendredis et les mardis en été.

ART. XXIII.

L'habit de toile sera lavé une fois par semaine. Les draps de lit devront être changés tous les quinze jours en été, tous les mois en hiver.

ART. XXIV.

Les élèves seront tenus de se laver les mains, les pieds et la figure tous les matins; les mains et la bouche après chaque repas.

ART. XXV.

Les élèves seront envoyés aux bains tous les quinze jours en hiver, toutes les semaines en été.

ART. XXVI.

Le nazir, conjointement avec le directeur, fera une inspection de semaine tous les vendredis avant la sortie des élèves de l'école.

ART. XXVII.

Il tiendra un contrôle exact des élèves où devront figurer leurs noms et prénoms, le lieu de leur naissance, leur âge, la date de leur entrée à l'école et les mutations survenues. Ce contrôle devra indiquer ceux des élèves qui sont mariés.

ART. XXVIII.

Il tiendra, en outre, les registres suivants :

1° Registre d'habillements qui indiquera les noms de ceux auxquels ils auront été fournis et la date des fournitures;

2° Livre-journal de denrées indiquant la date des entrées et des sorties;

3° Registre où seront inscrits les élèves malades, la date de leur entrée à l'infirmerie, celle de leur sortie, la nature et la durée de leur maladie.

4° Registre des permissions et des désertions où devront figurer la date de la permission ou de la désertion, le jour de l'entrée des absents de l'école.

5° Grand registre des punitions. Il y portera les noms et prénoms des élèves. le motif, la date et la nature des punitions infligées : le montant des retenues faites.

6° Registre indiquant la destination des retenues faites aux élèves.

ART. XXIX.

Les demandes de denrées et autres objets de consommation seront faites sur des états spéciaux adressés au nazir en chef de l'hôpital.

ART. XXX.

Le nazir de l'école ne pourra jamais s'ingérer dans ce qui concerne l'enseignement.

NOTE

SUR LES OUVRAGES DE MÉDECINE TRADUITS A L'ÉCOLE DU CAIRE

SOUS LA DIRECTION DU DOCTEUR CLOT-BEY.

Un des résultats les plus importants obtenus par la création de l'École, ce fut la traduction en arabe d'un grand nombre d'ouvrages français de médecine et du Dictionnaire de Nysten. Quatre-vingt-dix volumes furent imprimés à Boulaq sous Mohammed-Ali.

Vingt volumes étaient prêts pour l'impression lors de mon départ d'Égypte en 1849, mais ils sont restés manuscrits.

Ces considérables travaux furent exécutés par les professeurs nationaux de concert avec les ulémas et sous ma direction.

Pour réaliser ce vaste plan de traduction, je recherchai, à tout prix, les ouvrages anciens de médecine arabe, ceux de l'époque des Kalifes surtout. Je pus me procurer un Hypocrate et un Galien ! Bien que la science n'eût pas à profiter beaucoup de ces ouvrages et qu'ils m'eussent coûté des sommes assez fortes, j'en fis don à la bibliothèque de l'École.

Voici l'énumération des cinquante-quatre ouvrages traduits :

1. Éléments de philosophie naturelle, servant d'introduction à l'étude de la médecine ; compilé par Clot-Bey, traduit par Anhouri. 1 vol.

2. Traité de physique, par Ajasson et Fouché, avec des additions de l'ouvrage de Pelletan ; traduit par Anhouri. 1 vol.

3. Éléments de chimie, par Thénard ; traduit par Perron. 5 vol.

4. Leçons de chimie élémentaire, par Girardin ; traduit par Bedaoui Solene. 1 vol.

5. Traité des essais, par Vauquelin; traduit par Assanen-Ali. 1 vol.

6. Éléments de botanique, par Richard, avec additions de M. Figari; traduit par Anhouri. 1 vol.

7. Cours élémentaire de minéralogie et de géologie. par Beudant; traduit par Ahmet-Nada. 1 vol.

8. Éléments de zoologie, par Favrot, avec additions de M. Husson; traduit par Ahmet-Béhit. 1 vol.

9. Traité de matière médicale, par Trousseau et Pidoux, avec additions d'Ahmet-Raschidi; traduit par le même. 2 vol.

10. Éléments de toxicologie, par Orfila; traduit par Assan-Raschidi. 2 vol.

11. Éléments de pharmacologie, par Soubeiran; traduit par Assan-Raschidi. 2 vol.

12. Formulaire des hôpitaux, par les membres du conseil général de santé; traduit par Assan-Raschidi 1 vol.

13. Manuel d'anatomie descriptive, par Bayle, avec addition de Gaëtani-Bey; traduit par Anhouri. 2 vol.

14. Anatomie descriptive, par Cruveilhier; traduit par Chabassy. 4 vol.

15. Manuel de l'anatomiste, par Lauth; traduit par Chabassy, avec additions du traducteur. 1 vol.

16. Abrégé d'anatomie générale, compilé par Gaëtani-Bey; traduit par Nabaraoui. 1 vol.

17. Anatomie pathologique, par Andral; traduit par Chaffay. 1 vol.

18. Anatomie des régions, par Blandin; traduit par Osman-Ibrahim. 1 vol.

19. Abrégé de physiologie, compilé par le docteur Seisson; traduit par Ali-Hébé. 1 vol.

20. Physiologie, par Richerand, avec additions de Bérard; traduit par Issaoui. 3 vol.

21. Petite chirurgie, par Bourgery; traduit par Mohamed-Ali, avec additions du traducteur. 1 vol.

22. Bandages et appareils, par Gerdy; traduit par Nabaraoui. 1 vol.

23. Éléments de chirurgie, par Bégin, augmenté par Clot-Bey; traduit par Anhouri. 2 vol.

24. Traité de chirurgie générale, par Boyer; traduit par Mohamed-Ali. 4 vol.

25. Éléments d'orthopédie, compilé et traduit par Ahmet-Raschidi. 1 vol.

26. Manuel de médecine opératoire, par Malgaigne, augmenté et traduit par Mahomed-Ali. 2 vol.

27. Pathologie interne, par Roche; traduit par Anhouri. 2 vol.

28. Séméiologie, par Emengard, traduit par Mustapha-el-Ouati. 1 vol.

29. Manuel de clinique médicale, par Martinet; traduit par Chaffy. 1 vol.

30. Thérapeutique, par Martinet; traduit par Chaffy. 1 vol.

31. Maladies des femmes, par Kok; traduit par Ahmet-Raschidi. 1 vol.

32. Maladies des enfants, par Billard; traduit par Moustapha-el-Ouati. 1 vol.

33. Maladies des enfants, par Clot-Bey; traduit par Chaffy. 1 vol.

34. Manuel des maladies vénériennes, par Ricord; traduit par Mustapha-el-Ouati. 1 vol.

35. Maladies de la peau, par Rayer et Cazenave, traduit par Ahmet-Raschidi. 4 vol.

36. Pertes séminales, par Lallemand; traduit par Moustapha-Soukky. 4 vol.

37. Traité d'accouchement, par Velpeau; traduit par Ahmet-Raschidi. 2 vol.

38. Maladies des yeux, par Lawrence; traduit de l'anglais, par Billard, avec additions de Wensel et Sichel, et d'un formulaire de médicaments employés pour ces maladies; traduit par Ahmet-Raschidi. 1 vol.

39. Chirurgie oculaire, par Jœger; traduit de l'allemand par Deval, et en arabe par Hussen-Off. 1 vol.

40. Traité de l'art du dentiste, par Désiré Abbat; traduit par Moustapha-el-Ouati et Osman-Ibrahim. 2 vol.

41. Traité d'hygiène privée, publique, militaire et navale, compilé des meilleurs auteurs, et appliqué spécialement à l'Égypte, par Clot-Bey; traduit par Chaffy. 2 vol.

42. Médecine légale, par Sédillot, adaptée à la législation de l'Égypte: traduit par Chaffy. 1 vol.

43. Traité de médecine populaire, destinée particulièrement aux sages-femmes, aux chirurgiens-barbiers, et aux personnes étrangères à la science, contenant :

1° Notions d'anatomie et de physiologie;

2° Notions d'hygiène privée et publique;

3° Soins à donner aux femmes en couches;

4° Maladies particulières aux femmes et aux enfants;

5° Description et traitement des maladies les plus communes en Égypte;

6° Éléments de chirurgie et soins à donner dans les cas les plus ordinaires;

7° Notions de pharmacie et recueil de formules; par Clot-Bey; traduit par Chaffy. 2 vol.

44. Vade-mecum du chirurgien militaire, par Sarlandière; traduit par Anhouri. 1 vol.

45. Instruction sur la vaccination, par Clot-Bey; traduit par Ahmet-Raschidi. 1 vol.

46. Instruction sur la fièvre intermittente, par Clot-Bey; traduit par Anhouri. 1 vol.

47. Instruction sur la dyssenterie d'Égypte, par Clot-Bey; traduit par Chaffy. 1 vol.

48. Instruction sur la peste, par Clot-Bey; traduit par Chaffy. 1 vol.

49. De la peste, par Clot-Bey; traduit par Moustapha-el-Ouati. 1 vol.

50. Aphorismes d'Hippocrate. 1 vol.

51. Vocabulaire des termes de médecine, augmenté de tous les termes arabes extraits des auteurs anciens, par Nysten; traduit par tous les professeurs de l'École. 1 vol.

52. Dictionnaire des Dictionnaires de médecine, par Fabre; traduit par tous les professeurs. 8 vol.

53. Formulaire pharmaceutique. 1 vol.

54. Règlements du service de santé civile et militaire, compilés d'après les règlements français et appropriés à l'Égypte, par Clot-Bey. 1 vol.

Total : 54 ouvrages, formant 90 volumes.

CHAPITRE VIII.

ÉCOLE D'ACCOUCHEMENT.

AVANT-PROPOS.

En réorganisant l'École d'accouchements, je crois ne pouvoir mieux prouver l'importance et les succès qui ont été obtenus, qu'en citant ce qu'en dit l'illustre professeur Lallemand, dans le rapport qu'il présenta, le 1er février 1849, à Son Excellence Ethem-Bey, ministre de l'instruction publique, à la suite de l'inspection de cette École et des examens qu'il fit subir aux élèves.

En Égypte, comme dans tout l'Orient, des préjugés invincibles s'opposent à ce que des hommes soient appelés à pratiquer des accouchements, et même les praticiens rencontrent de tels obstacles, quand il s'agit de traiter des femmes, qu'elles sont, en réalité, privées des bienfaits de l'art; car il existe de telles entraves à toute exploration, que les avantages de l'expérience et de la science sont entièrement perdus. Cependant, la moitié de la population ne devait pas rester toujours livrée aux aveugles routines des plus ignorantes matrones. Après bien des années d'active persévérance, Clot-Bey est encore parvenu à remplir cette importante lacune en établissant, au Caire, une École de sages-femmes, qui a pris successivement les plus heureux développements, malgré bien des obstacles de tout genre.

Cette École d'accouchement est établie sur les mêmes bases que l'École de médecine du Caire. Les élèves y reçoivent leur éducation première. L'instruction scientifique ne comprend pas seulement l'étude des accouchements, elle s'étend encore aux maladies des femmes et des enfants, à tout ce qui concerne les soins maternels, afin d'en faire de véritables médecins pour leur sexe. Un hôpital de femmes est annexé au local où se font les leçons, en sorte que les élèves suivent les cliniques et font le service des malades, en même temps qu'elles reçoivent l'enseignement théorique, passant ainsi constamment de l'exemple au précepte et réciproquement. L'établissement compte aujourd'hui soixante élèves; c'est déjà beaucoup sans doute, mais il s'en faut que ce nombre soit suffisant pour les besoins du pays. La durée des études est de six ans et ce n'est pas trop pour de jeunes filles qui ne savent pas même lire, en entrant dans l'établissement : cependant celles qui sont sorties rendent déjà de très-grands services.

Dans ces examens qui ont duré près de deux jours, je me suis assuré, comme je l'avais fait à l'École de médecine, que les réponses des élèves sages-femmes n'étaient pas modifiées par les interprètes ou retenues de mémoire. D'ailleurs, dans les manœuvres simulées sur le mannequin et dans les démonstrations anatomiques faites sur les pièces préparées, il m'était facile de constater une entière intelligence des choses. J'ai vu surtout, avec satisfaction, ces jeunes filles sortir presque toujours avec bonheur et précision des objections que je leur posais et de difficultés quelquefois très-embarrassantes. Ces épreuves multipliées font un grand honneur à la méthode et au savoir de la directrice et elles me donnent une haute idée de ce qu'on doit espérer de cet utile établissement ; il me paraît destiné à servir de modèle à tous les pays soumis aux mêmes préjugés et aux mêmes mœurs.

Quand les praticiens sont exclus du traitement des maladies propres au femmes et même, en réalité, du traitement des autres affections auxquelles elles sont exposées, comme les hommes, il était nécessaire, comme on l'a fait, de pousser aussi loin que possible l'instruction des sages-femmes, afin qu'elles pussent être des médecins pour leur sexe.

Je pense donc que le pouvoir ne peut accorder trop de protection à cette annexe indispensable de l'École de médecine. Dans cette question comme dans toutes les autres, le plus difficile est fait puisque les préjugés sont vaincus. Il y aurait une impardonnable incurie à laisser perdre aujourd'hui le fruit de tant d'efforts persévérants.

RÈGLEMENT DE L'ÉCOLE D'ACCOUCHEMENT.

---

§ Ier. — Organisation de l'école d'accouchement.

Article premier.

L'école d'accouchement est destinée à former des élèves sages-femmes pour la capitale et les provinces.

ART. II.

Les élèves accoucheuses seront prises dans la capitale et les provinces; le nombre en devra être porté à cinquante.

ART. III.

Le remplacement des élèves se fera au fur et à mesure des élèves sortant.

ART. IV.

Les élèves, admises dans cette école, sont des filles ou femmes non mariées; elles doivent être âgées de dix ans au moins et de quinze ans au plus.

ART. V.

On choisira de préférence les orphelines, les filles de militaires en activité de service, les veuves d'officiers ou de soldats.

§ II. — DE L'ENSEIGNEMENT.

ART. VI.

Les élèves seront réparties en cinq divisions; la cinquième sera composée des élèves nouvellement admises; la quatrième des élèves qui auront complété les cours de la cinquième; la troisième de celles qui auront complété le cours de la quatrième, et ainsi de suite jusqu'à la première.

Les élèves passent d'une classe à l'autre, d'après les examens qu'elles subissent à la fin de l'année scolaire.

Les élèves de la première division subiront les examens de sortie.

ART. VII.

La durée des études sera de six ans.

ART. VIII.

L'instruction qui sera donnée aux élèves comprendra les cours suivants :

1° Les éléments de la langue arabe, de manière à pouvoir l'écrire correctement;

2° La théorie et la pratique des accouchements;

3° Les soins hygiéniques et médicaux à donner aux femmes enceintes, à celles qui sont en couches et aux enfants nouveau-nés;

4° La manière de traiter les maladies légères;

5° Des principaux éléments de chirurgie élémentaire suffisants, pour traiter les tumeurs inflammatoires, le pansement des plaies simples, des cautères, des vésicatoires, des sétons;

6° La manière de pratiquer la saignée; la vaccination, l'application des ventouses et des sangsues;

7° La connaissance des médicaments les plus usuels;

8° La préparation des tisanes, du petit-lait, des potions, des loochs, des collyres, des pilules, des cataplasmes, des onguents simples nécessaires pour les maladies qu'elles sont appelées à traiter.

Art. IX.

Les matières de l'enseignement, leur répartition entre les professeurs, ainsi que l'ordre à suivre pour les divers cours et pour les études, seront déterminés conformément au programme discuté chaque année dans le conseil de l'école et approuvé par le ministre.

§ III. — Personnel enseignant.

Art. X.

Le personnel enseignant sera composé :

1° D'un uléma, maître de langue arabe;

2° D'un médecin national;

3° D'une maîtresse accoucheuse;

4° De deux sous-maîtresses;

5° De trois élèves répétiteurs.

Art. XI.

L'uléma, professeur d'arabe, sera tenu de donner deux leçons d'une heure, chaque jour, aux élèves réunies. Il devra, en outre, reviser les traductions des cours scientifiques.

Art. XII.

Le médecin sera chargé de l'enseignement médical et chirurgical; il devra donner une leçon, par jour sur les matières prescrites par l'art. VII. Cette leçon devra durer une heure au moins.

Il devra régulièrement faire deux visites, par jour, aux malades, aux femmes en travail d'accouchement ou accouchées. Il sera suivi, dans ses visites, de la maîtresse accoucheuse, des deux sous-maîtresses et des élèves de la première division, auxquelles il donnera des explications sur la nature, le caractère des maladies qu'il observe, et sur les indications qui déterminent l'emploi des médicaments qu'il prescrit ce qui constitue la clinique.

ART. XIII.

La maîtresse accoucheuse est chargée d'enseigner la théorie, la pratique des accouchements et la clinique des accouchées. Elles doit faire, au moins, une leçon par jour sur la théorie aux élèves réunies. L'enseignement de la première division et la surveillance de celui de la deuxième et de la troisième division lui sont spécialement dévolus.

ART. XIV.

Afin de former les élèves à la pratique, la maîtresse accoucheuse leur fait exercer le toucher aux différentes époques de la gestation. Elle les fait assister, à tour de rôle, aux accouchements et leur fait pratiquer ceux qui sont naturels.

ART. XV.

Pour déterminer l'ordre de tour des élèves dans les accouchements, la maîtresse accoucheuse dresse un tableau où sont inscrits les noms des élèves.

ART. XVI.

Quand un accouchement est jugé impossible par les seules forces de la nature, ou qu'il y a nécessité de manœuvrer, la sous-maîtresse, les élèves répétiteurs et les élèves de première classe doivent y assister.

ART. XVII.

La maîtresse accoucheuse désignera, toujours, une élève de garde qui doit rester au moins trois heures auprès des femmes qui viennent d'accoucher.

Cette élève veille à ce qu'il ne survienne pas d'accidents à la mère ni à l'enfant et fait appeler l'accoucheuse en chef, si le cas l'exige.

Art. XVIII.

La maîtresse accoucheuse suivie des élèves de la première division, doit visiter, deux fois par jour, les femmes accouchées, afin de bien observer tout ce que présente l'état ordinaire des couches et les complications qui pourraient survenir.

Art. XIX.

Si une femme en travail ou ayant accouché, présente un état grave, la maîtresse accoucheuse doit faire appeler le médecin qui donnera à la malade les soins qu'exigera sa situation.

Art. XX.

La maîtresse accoucheuse tient un registre de toutes les femmes qui entrent dans l'établissement pour y accoucher.

Ce registre doit porter :

1° Les nom et prénoms de la femme;

2° La date de sa grossesse;

3° Ce que la grossesse a offert de particulier jusqu'à l'époque du travail;

4° Le jour, l'heure où il a commencé;

5° La durée et les circonstances survenues;

6° Les soins médicaux administrés;

7° Les manœuvres employées;

8° Quelle a été la partie de l'enfant qui s'est présentée et le genre de présentation;

9° L'état de l'enfant;

10° Son sexe;

11° Ce que les couches ont présenté de particulier.

Art. XXI.

La première sous-maîtresse sera spécialement chargée de l'enseignement théorique de la deuxième division; elle secondera ou suppléera l'accoucheuse en chef en cas de besoin.

Art. XXII.

La deuxième sous-maîtresse sera chargée de l'enseignement de la troisième division et suppléera la première sous-maîtresse, en cas de besoin.

ART. XXIII.

Il y aura une élève répétiteur par division. Les élèves répétiteurs sont chargées d'expliquer les leçons qui auront été faites par le médecin, l'accoucheuse en chef et les sous-maîtresses. Elles rempliront les fonctions de maîtresse d'études.

ART. XXIV.

L'accoucheur en chef et les deux sous-maîtresses auront leur logement dans l'École.

§ IV.

ART. XXV.

Le matériel d'enseignement se composera :

1° Des bancs, chaises et tables nécessaires;

2° Écritoires, plumes, encre, papier, canifs, règles;

3° Livres élémentaires pour l'étude de la langue arabe, et ouvrages scientifiques traduits pour l'usage de l'École.

4° Squelettes naturels et artificiels, bassins naturels et pièces pathologiques d'anatomie, artificielles, mannequins.

5° Instruments employés dans l'art des accouchements pour servir à la démonstration et à la pratique;

6° Instruments de petite chirurgie;

7° Des échantillons de matières médicales;

8° Des ustensiles nécessaires pour la préparation des médicaments les plus usuels.

ART. XXVI.

Tout le matériel de l'enseignement sera à la garde de la maîtresse accoucheuse qui veillera à sa conservation.

ART. XXVII.

Les objets de consommation tels que papier, plumes, etc., seront réglés dans les mêmes proportions que pour les élèves de l'école de médecine.

§ V. — Service médical et pharmaceutique.

Art. XXVIII.

Indépendamment des fonctions de l'enseignement, le médecin, la maîtresse accoucheuse, les sous-maîtresses, les élèves répétiteurs et celles de la première division feront le service des malades.

Art. XXIX.

Il y aura toujours une élève de garde dans l'hôpital; cette garde, pour chaque élève, commencera à l'issue de la visite du matin et finira le lendemain à pareille heure.

Art. XXX.

Il y aura dans l'Ecole, une infirmerie spécialement affectée au traitement des élèves.

Art. XXXI.

Le médecin professeur de l'établissement sera chargé de soigner les élèves malades et, dans les cas de maladie grave, il devra se conformer aux dispositions de l'art. 11 du présent règlement.

§ VI. — Inspections.

Art. XXXII.

L'Ecole d'accouchement sera inspectée, pour les études, par le conseil de santé qui devra s'assurer de la marche de l'enseignement, du degré d'instruction des élèves, donner son opinion sur le zèle, la capacité des professeurs et des autres fonctionnaires, et proposer toutes les améliorations qui lui paraîtront convenables.

§ VII. — Examens de passage et de sortie.

Art. XXXIII.

A la fin de chaque année scolaire et durant les quinze derniers jours du mois de chaâban, il y aura un examen général des élèves.

Art. XXXIV.

Cet examen sera fait par un jury composé du médecin en chef, de la maîtresse accoucheuse, du professeur de l'École de médecine chargé du cours d'accouchement, des sous-maîtresses et d'un membre du Conseil de santé.

Les examens de la troisième division décideront si les élèves doivent, ou non, être admises à suivre les cours de la deuxième; ceux de la deuxième décideront également si les élèves sont aptes à suivre les cours de la première.

Les examens de la première division régleront la sortie des élèves.

Les examens de passage et de sortie seront faits par un jury composé ainsi qu'il suit :

Un délégué du ministre;
Le Conseil de santé;
Le médecin de l'École;
L'accoucheur en chef;
Les sous-maîtresses.

Art. XXXV.

Les notes tenues, pendant le cours de l'année, sur la conduite des élèves de la première division seront mises en ligne de compte, lorsqu'il faudra procéder à leur classement et, s'il y a lieu, à leur sortie.

Il en sera de même lorsque le jury devra procéder à l'examen des élèves pour leur passage d'une classe à l'autre.

Art. XXXVI.

Les procès-verbaux de classement par ordre de mérite, seront transmis au ministère par le président du jury.

Art. XXXVII.

Le ministère arrêtera la liste des élèves qui passeront de la troisième division à la deuxième, de la deuxième à la première, et de celle-ci à la sortie.

Art. XXXVIII.

Les élèves qui, ayant achevé leurs études, sortiront de l'École, devront recevoir un certificat d'aptitude délivré par le Conseil de santé et approuvé par le ministre.

§ VIII. — Personnel administratif.

Art. XXXIX.

Il sera composé ainsi qu'il suit :
Un nazir (officier comptable) ;
Un portier ;
Deux cuisinières ;
Une tailleuse ;
Deux laveuses ;
Trois domestiques au service des salles ;
Réfectoires, dortoirs.

Art. XL.

Le nazir doit être d'un âge avancé, marié et d'une moralité reconnue. Il aura la haute surveillance de l'établissement où il devra habiter. Il correspondra avec le ministre, pour tous les besoins de l'établissement, et veillera à la stricte exécution de toutes les parties de l'enseignement.

Art. XLI.

La correspondance, pour les matières concernant l'enseignement, avec le ministre, sera tenue collectivement par l'uléma, le médecin et la maîtresse accoucheuse.

Art. XLII.

Le portier devra être d'un âge avancé et d'une moralité reconnue. Il aura sa loge à l'intérieur de l'établissement. On ne lui confiera que la clef du parloir. Il devra aviser le nazir de l'arrivée des fonctionnaires de l'établissement ou autres, sans exception.

§ IX. — De la nourriture, de l'habillement et des honoraires des élèves.

Art. XLIII.

Les élèves accoucheuses recevront la même nourriture que les élèves de l'École de médecine. Elles mangeront, réunies, dans un réfectoire commun et sur des tables.

Les ustensiles de table seront les mêmes que ceux affectés à l'usage des élèves en médecine.

Art. XLIV.

Elles recevront par an :
Un tarbouch;
Mouchoirs pour la tête;
Deux voiles ou habekales en mousseline;
Quatre chemises;
Quatre caleçons;
Quatre dikés;
Quatre mouchoirs de poche;
Deux serviettes;
Quatre paires de bas;
Deux jalees;
Deux chintionnes;
Une ceinture schall de coton;
Une ceinture de mousseline;
Trois paires de marcoubs.
Pour la durée de leurs études :
Un mélaé;
Un tobé.

Art. XLV.

Les fournitures de lit seront les mêmes que celles de l'École de médecine.

Art. XLVI.

Les élèves accoucheuses recevront :
La première année, 10 piastres par mois;
La deuxième année, 20 piastres par mois;
La troisième année, 30 piastres par mois;
La quatrième année, 40 piastres par mois;
La cinquième année, 50 piastres par mois.

§ X. — Des vacances et de l'ouverture des cours.

Art. XLVII.

Les cours sont suspendus pendant le mois de ramazan. Il sera donné aux élèves dont les parents, connus par leur moralité, se rendraient responsables, l'autorisation de passer, au sein de leur famille, le mois de ramazan et les fêtes du Baïram. Cette permission, qui devra être individuelle, ne sera accordée que sur un ordre du ministère.

ART. XLVIII.

L'ouverture des cours de l'année scolaire aura lieu à la même époque que celle de l'École de médecine, c'est-à-dire le 5 chawal.

§ XI. — POLICE, RÉGIME ET DISCIPLINE.

ART. XLIX.

La police sera exercée par le nazir de l'École.

ART. L.

Les punitions à infliger sont :
1° Le blâme en présence des élèves ;
2° La privation de la sortie ;
3° Les arrêts dans la salle de discipline ;
4° La retenue de la solde ;
5° La suspension de fonctions pour les élèves gradées ;
6° La perte du grade ;
7° Le renvoi de l'École.

ART. LI.

Un conseil d'instruction et de discipline sera établi à l'École. Il adressera au Conseil de santé les observations qui intéressent l'instruction et la discipline. Il se réunira, une fois par mois, pour entendre les rapports qui seront faits par le nazir, l'uléma, le médecin et la maîtresse accoucheuse, sur le mode d'enseignement, les progrès de l'instruction et la discipline.

ART. LII.

Les procès-verbaux des séances seront inscrits sur un registre *ad hoc*, que le Conseil de santé pourra se faire présenter lorsqu'il le jugera convenable.

ART. LIII.

Le conseil de l'École prononcera aussi sur le compte des élèves qui auraient commis une faute assez grave pour encourir leur renvoi.

ART. LIV.

Le conseil d'instruction et de discipline sera composé ainsi qu'il suit :
Le nazir de l'École ;

L'uléma ;
Le médecin ;
La maîtresse accoucheuse ;
Une sous-maîtresse ;
Une élève répétiteur.
L'uléma remplira les fonctions de secrétaire.

ART. LV.

Aucune élève ne pourra sortir de l'établissement sans une permission spéciale délivrée par le nazir et la maîtresse accoucheuse. Cette permission ne pourra être donnée que pour la journée du vendredi, et une seule fois par mois, à la même élève. Les parents seront tenus de venir prendre l'élève et de la ramener avant le coucher du soleil.

ART. LVI.

Les sous-maîtresses ne pourront jamais sortir toutes deux à la fois ni s'absenter qu'après les heures du travail inhérent à leurs fonctions.

ART. LVII.

La maîtresse accoucheuse et les sous-maîtresses pourront, dans l'intérêt de l'instruction des élèves, conduire avec elles deux élèves prises à tour de rôle dans la première division.

ART. LVIII.

La maîtresse accoucheuse pourra sortir de l'établissement, quand elle aura satisfait aux devoirs de sa charge.

§ XII. — Du lever, du coucher et des repas.

ART. LIX.

Il sera fait un tableau réglant les heures des études de la journée et l'ordre de leur succession.

ART. LX.

En toute saison, les élèves devront être sur pied une heure avant le lever du soleil. Il est accordé aux élèves une heure pour s'habiller, faire leur lit et leur toilette.

Art. LXI.

Le coucher aura lieu, à trois heures après le mogreb (coucher du soleil), en été, et à quatre heures en hiver.

Art. LXII.

Les élèves feront deux repas par jour : le premier, une heure avant midi ; le second, une heure avant le coucher du soleil.

§ XIII. — Propreté individuelle et générale.

Art. LXIII.

Les élèves changeront de takieh, de caleçon, de bas trois fois par semaine.

Art. LXIV.

Elles se laveront les mains, la figure, les pieds, tous les matins, en se levant; les mains, la bouche, à la fin de chaque repas. Elles prendront des bains tous les quinze jours, en hiver, toutes les semaines, en été.

Art. LXV.

Les salles d'étude et les réfectoires seront balayés deux fois par jour. Le dortoir sera balayé une fois seulement, après que les lits auront été faits.

§ XIV. — Dispositions générales.

Art. LXVI.

Le nazir et l'uléma seront nommés par le ministre.

Art. LXVII.

Le médecin, la sous-maîtresse, ainsi que la maîtresse et les élèves répétiteurs seront nommés par le ministre, sur la proposition du Conseil de santé.

Art. LXVIII.

Nulle ne pourra être admise à l'École d'accouchements, en qualité d'élève, qu'après avoir été, au préalable, visitée par un membre du Conseil de santé.

LETTRE AU VICE-ROI

SUR LE SERVICE MÉDICAL DES PROVINCES.

ALTESSE,

Avant que votre illustre père, de glorieuse mémoire, eût délivré l'Égypte de ses oppresseurs ignorants et barbares, la riche vallée du Nil, qui compta jusqu'à douze millions d'habitants, en possédait à peine trois. En proie aux maladies ordinaires qui affligent l'espèce humaine, aux épidémies qu'enfante l'oubli de tous les soins de l'hygiène, privée des secours de l'art de guérir, la population dépérissait de jour en jour. Le régénérateur de l'Égypte comprit que s'il est vrai que la richesse et le bonheur de ce pays est principalement dans le nombre de ses habitants, il était d'une urgente nécessité de lui procurer les secours de la médecine. A cet effet, il appela des médecins d'Europe, créa des hôpitaux, organisa des services sanitaires, propagea le bienfait de la vaccination et fonda une École de médecine.

Le pays ne tarda pas à recueillir le fruit de ces mesures. Les habitants secourus, les causes d'insalubrité détruites, la vaccination largement répandue, on vit la population s'accroître au point que, dans l'espace de trente ans, elle s'est élevée à plus de quatre millions.

Il est permis d'attribuer une grande partie de ce magnifique résultat à l'organisation médicale que Mohammed-Aly, combattant des préjugés enracinés, créa aux frais de son trésor : c'était une nécessité comme celle d'obliger les Égyptiens à cultiver leurs terres, en entretenir les canaux que l'inertie des habitants avait laissés se combler. Il en était de même pour le moral que pour le physique, et ce ne fut que par la contrainte qu'il amena la jeunesse à recevoir l'instruction dans les nombreuses écoles qui furent ouvertes. Ce ne fut que par ce moyen qu'il parvint à arracher le pays aux maladies et à l'ignorance.

Dans l'intérêt de l'humanité et au grand avantage du pays, Votre Altesse achèvera et perfectionnera l'œuvre de son auguste père.

Dans le but de réaliser les généreuses intentions de Votre Altesse, nous avons l'honneur de lui soumettre un plan de réorganisation pour le service médical et hygiénique des provinces.

Pour arriver à l'établir d'une manière rationnelle, le Conseil de santé a dû prendre pour base le chiffre de la population totale de l'Égypte. Or, afin d'assurer, d'une manière égale, à tout le pays, les bienfaits de l'hygiène et de la médecine.

Il résulte des notes statistiques fournies par les gouverneurs des provinces, que la population totale des neuf moudérichs excède quatre millions, sans y comprendre le Caire, Alexandrie, Damiette, Rosette, Suez et El-Arich, dont la population est de 500,000 âmes, ce qui porte la population de l'Égypte à près de cinq millions d'habitants répartis sur 3,717 villes ou villages.

Mais le nombre des médecins employés dans les provinces se trouvant limité, en ce moment, à 111, et devant se répartir sur quatre millions et demi d'habitants et sur 3,717 villes, on obtient à peine un médecin pour 40,000 âmes et pour trente-cinq villages.

Le Conseil de santé propose donc d'ajouter au chiffre de 111 médecins en exercice actuellement, les 34 qui sont en disponibilité par suite de la réforme et des mutations opérées dans l'exercice des hôpitaux et des régiments; ce qui porterait leur nombre à 145, et donnerait un médecin pour 30,000 habitants et pour trente villages.

Il est évident que ce personnel est encore très-insuffisant, car les besoins de la population en réclameraient, au moins, un pour 10,000 âmes; mais l'École, avec les 150 élèves qu'elle possède actuellement, peut, en cinq ans, en doubler le nombre et arriver, dans un temps peu éloigné, à fournir suffisamment le service.

Le Conseil de santé, considérant que le service des provinces met à la charge de l'État environ 2 millions de piastres par an; que ce service est, en définitive, uniquement au profit de la population; que dans tous les pays ce sont les communes qui en font les frais, propose, comme une chose de toute justice, que ces dépenses soient mises, à l'avenir, à la charge des moudérichs (provinces).

Cette somme de 2 millions de piastres, répartie sur 4 millions et demi d'habitants donne 20 paras (10 centimes) par individu. Mais, comme il ne serait ni juste ni possible de l'établir par personne, le Conseil de santé croit convenable de couvrir cette dépense par des paras additionnels au principal impôt territorial.

Quant au service médical des villes non comprises dans les moudérichs (provinces), il est également juste qu'il ne soit pas à la charge du gouvernement, mais qu'on y pourvoie par un léger impôt sur les consommations.

Pour la répartition régulière du personnel médical, le Conseil de santé propose de diviser les moudérichs (provinces) en circonscriptions sanitaires. Les circonscriptions sanitaires seront au nombre de 127.

Le service des provinces comprend, outre les médecins des districts, celui des hôpitaux qui sont établis dans les chefs-lieux et les villes principales de la manière suivante :

PROVINCES.	HOPITAUX.	VILLES.
Béhéra	1	Damanhour.
Id.	1	Chrébrékhyt.
Rodah-el-Baherem	1	Chebyn.
Id.	1	Tantah.
Id.	1	Mahalleh-el-Kébyreh.
Dakhalyéh	1	Mansourah.
Id.	1	Mith-Gramr.
Kullyoubiéh	1	Zagazig.
Id.	1	Bénah.
Id.	1	Kallyoub.
Guizéh	1	Guizéh.
Bénisouef et Fayoum	1	Bénisouef.
Id.	1	Fayoum.
Miniéh	1	Miniéh.
Syout et Guerguéh	1	Syout.
Id.	1	Millaoug.
Id.	1	Guerguéh.
Kénéh, Esnéh et Koceïr	1	Kénéh.
Id.	1	Esnéh.
Id.	1	Koceïr.

Ces hôpitaux doivent être calculés pour recevoir vingt-cinq malades. Ils sont soumis à toutes les règles administratives des autres hôpitaux, tant pour le personnel que pour le matériel.

Le personnel de ces hôpitaux se compose d'un médecin, d'un pharmacien, d'un nazir de troisième classe, d'un infirmier-sergent, de cinq infirmiers ordinaires, dont deux pour les malades, un pour la pharmacie, un pour la cuisine et un pour la buanderie.

Le règlement des provinces fixe le mode d'approvisionnements en médicaments, nourriture et matériel.

Les femmes expertes, élevées à la Maternité, sont placées dans les chefs-lieux des provinces. Le nombre doit en être augmenté, afin qu'il y en ait une dans chaque ville principale. Ces femmes sont destinées, outre leurs fonctions d'accoucheuses, à donner des soins aux malades du sexe, qu'il n'est pas permis aux hommes de soigner.

Le Conseil de santé demande que celles qui ont achevé leurs études dans l'École, soient placées dans les lieux où les besoins les réclament.

Nota. — Le Conseil de santé a établi, dans la réorganisation du service de l'intérieur, qu'il y aurait dans chaque province, pour la basse Égypte :

1° Un médecin en chef du grade de binbachy (principal de 1re classe);

2° Un médecin adjoint du grade de yousbachy-avuel (major de 1re classe).

La province de Rodah-el-Baherem, à cause de son étendue, aura deux médecins adjoints; celle de Quizels, au contraire, n'en aura point.

Les médecins en chef de la haute Égypte auront le grade de sacologacy (principal de 2e classe).

La hiérarchie suivante a été établie pour les médecins des provinces :

Les médecins adjoints des provinces de la basse Égypte, seront destinés à passer chefs dans celles de la haute Égypte.

Les médecins en chef de la haute Égypte seront destinés à avoir la direction d'une province de la basse Égypte.

Il y aura un pharmacien en chef, dans la haute Égypte, résidant à Assyout, et un, dans la basse Égypte, résidant à Tantah. Ils auront la surveillance et la direction du service pharmaceutique de ces deux grandes divisions. Chaque chef-lieu de province aura un pharmacien du grade de yousbachi-sani (major de 2e classe), ou de mulazim-aouel (aide-major) et un pharmacien adjoint du grade de mulazim-sani (sous-aide).

Dans chaque hôpital civil des provinces, il y aura un médecin yousbachy-sani (major de 2e classe), un pharmacien mulazim-sani (sous-aide), un nazir officier comptable du grade de mulazim-aouel (adjudant), un chef infirmier du grade de chaouy (sergent) et cinq infirmiers ordinaires.

Le conseil de santé, reconnaissant la nécessité d'augmenter le nombre des sages-femmes affectées au service des provinces, a décidé qu'il y en aurait une dans chaque circonscription sanitaire et deux dans celle de Rodah-el-Baherem.

Les médecins des circonscriptions sanitaires, seront du grade de mulazim-sani; le nombre de ces médecins sera égal au nombre des districts, excepté dans celui de Koceïr (province de Kénéh), où, à cause du port qui lui donne de l'importance, il y aura un mulazim-aouel.

Les mulazim adjudants sanitaires, qui seront placés dans chaque chef-lieu, seront chargés, outre leurs fonctions d'agent du service quarantenaire, de la correspondance administrative du service médical, comme par le passé. C'est ce qui les a fait porter au tableau du personnel.

Un écrivain national, élève de l'École des langues, sera, aussi, placé dans chaque chef-lieu, pour la correspondance et la tenue des registres en langue arabe. Il aura le grade de mulazim-sani.

Un certain nombre de gardiens (soldats) sera affecté au bureau de l'administration. Ils auront, pour chef, un bach-aouch, qui résidera dans le chef-lieu.

Quant aux barbiers, le Conseil de santé n'a pas cru devoir les faire figurer dans le tableau du personnel, attendu qu'ils ne reçoivent pas d'appointements fixes; mais il a jugé convenable de mentionner leur nombre. Leurs attributions consistent dans la visite des morts et dans la pratique de la vaccination.

Il existe 2,565 barbiers, distribués de la manière suivante :

Béhéra	160
Ghizèh	72
Rodah-el-Baharem	431
Galioub	315
Dakhalieh	410
Bénisouef et Fayoum	193
Minieh et Benimazar	74
Assyout et Guergueh	760
Kénéh, Esnéh, Koceïr	150
Total	2,565

Comme ce nombre est insuffisant, dans quelques provinces, le Conseil fixera son attention, pour le déterminer définitivement, selon le nombre et l'étendue des provinces.

Le Conseil se propose d'établir un inspecteur pour la haute Égypte et un autre pour la basse Égypte. Il est inutile de démontrer l'importance de ces inspections, prescrites d'ailleurs par les règlements.

Avant le départ des troupes pour la Crimée, le service des provinces comptait un nombre de médecins plus considérable que celui qu'il possède actuellement ; car une grande partie des officiers de santé attachés au service civil, passèrent, à cette occasion, dans le service militaire. L'armée étant presque entièrement rentrée en Égypte, le Conseil proposa de faire passer les officiers de santé de ces régiments (si toutefois ils n'y sont plus nécessaires), dans le service des provinces, pour pourvoir à tous les besoins, en attendant que l'hôpital d'instruction fournisse des sujets capables.

En attendant, les médecins des hôpitaux des provinces feront le service des circonscriptions qui sont dans les environs de la ville ou de l'hôpital.

CHAPITRE IX.

DU SERVICE SANITAIRE DES PROVINCES.

ART. Ier.

L'objet du service sanitaire est de veiller à la santé publique, au point de vue de l'hygiène, du traitement des maladies et des quarantaines.

ART. II.

Les ordonnances relatives au service sanitaire, précédemment émanées de l'autorité supérieure et qu'il s'agit de développer dans le présent règlement, comprennent les trois points suivants :

1° SERVICE HYGIÉNIQUE.

Cette branche essentielle du service sanitaire a pour objet de détruire toutes les causes d'insalubrité qui engendrent certaines maladies ou favorisent leur développement. Ainsi, elle prescrit le dessèchement des mares d'eaux stagnantes, le nivellement des amas de décombres, l'établissement des cimetières à une distance convenable des villes ou villages et sous le vent (les inhumations doivent se faire d'après certaines règles), ainsi que pour les dépôts d'immondices et de fumiers, des bassins pour la macération des peaux ou le rouissage du lin ou du chanvre, des fours à chaux, à briques ou à poterie, en un mot de toutes les industries réputées insalubres. Le service hygiénique comprend également, la surveillance de la propreté et de l'entretien des rues, des bazars, des okelles, des bains, de tous les établissements publics, même des habitations particulières; l'inspection des denrées alimentaires telles que les légumes frais ou conservés, les fruits, les viandes, le poisson frais ou salé, et, par conséquent, la prohibition de tous les aliments de mauvaise qualité, tels que fruits non mûrs, viandes putréfiées.

2° Service médical.

Le service essentiellement médical comprend : la constatation des maladies régnantes, tant à l'état sporadique qu'à l'état épidémique; de celles qui atteignent les animaux particulièrement, lorsqu'il y a épizootie; le traitement des malades soit à domicile, soit dans les offices sanitaires; la visite des cadavres, pour constater la cause de la mort; l'enregistrement des naissances et, enfin, la pratique de la vaccination.

3° Service quarantenaire.

En cas de développement des maladies épidémiques ou contagieuses, et notamment de la peste, les agents du service sanitaire font exécuter, sous la direction spéciale du chef du service, les mesures hygiéniques ou quarantenaires prescrites par les règlements.

Art. III.

Les médecins, les pharmaciens, les adjudants sanitaires, les sages-femmes et les barbiers concourent, chacun en ce qui le concerne, à l'exécution des règlements sanitaires.

Devoirs des médecins en chef.

Les médecins en chef dirigent et surveillent le service hygiénique et médical de la province à laquelle ils sont attachés, afin de s'assurer si les règlements sont exécutés et si leurs subordonnés accomplissent exactement leurs devoirs.

Ils doivent correspondre directement avec l'Intendance sanitaire et le Conseil de santé, et résumer, dans leur correspondance, celle qu'ils auront tenue avec les médecins des districts placés sous leurs ordres et avec les moudyrs.

A la fin de chaque mois, ils sont tenus de rendre compte de leur administration et d'envoyer à l'Intendance et au Conseil de santé l'état des naissances et des décès et ceux de la vaccination et des maladies traitées. Ils ajouteront à leur rapport des notes sur le mouvement de la population et sur les causes présumées de sa diminution ou de son accroissement.

Ils porteront leur attention sur la nourriture des habitants, leur coutumes, les travaux pénibles auxquels ils sont soumis; circonstances qui exercent une certaine influence sur l'état de santé de la population.

Ils devront, autant que possible, tenir des notes sur l'état barométrique, thermométrique, hygrométrique et anémométrique des localités et constater l'influence de cet état sur le nombre des maladies et sur le mouvement de la population.

Il serait très-utile, aussi, qu'il fût fait, dans les états, une récapitulation de la mortalité, par âge. Comme il n'y a point d'état civil en Égypte, on s'est borné, jusqu'à présent, à inscrire, dans quelques cas, les déclarations sans valeur faites par les familles. Mais à défaut de l'âge exact, on peut, soit par l'examen du corps, soit par d'autres renseignements, donner un âge approximatif. Pour se borner à des divisions pratiques et en même temps susceptibles de fournir des données statistiques de quelque intérêt, les médecins devront rapporter les décès, dans leurs tableaux, aux périodes suivantes : de la naissance à 1 an, de 1 an à 5 ans, de 5 ans à 10 ans, de 10 ans à 20 ans, de 20 ans à 30 ans, ainsi de suite, par périodes décennales.

Un des devoirs les plus importants des médecins en chef est de surveiller l'enregistrement des morts, afin qu'il soit fait avec exactitude, en indiquant, autant que possible, les causes de la mort ; car ces médecins doivent avoir constamment présent à l'esprit que le but de l'institution du service auquel ils appartiennent était, dans son origine, de reconnaître l'existence de la peste ou de toute autre maladie épidémique ou contagieuse, dès son développement. Afin d'éviter l'inconvénient de la multiplicité des dénominations données actuellement aux diverses maladies, il sera adressé, plus tard, aux médecins une nomenclature à laquelle ils seront tenus de se tenir dans leurs états.

Ils doivent aussi surveiller, avec la même attention, l'enregistrement des naissances comparées à la mortalité. Il sera fait mention également des avortements, des enfants mort-nés et des enfants trouvés, en indiquant, autant que possible, les causes qui en font varier le nombre.

Comme la mortalité, dans le bas âge, est très-considérable, il faut que les médecins-chefs s'appliquent à en étudier les causes, tout en ayant soin que le service de la vaccination se fasse avec la plus grande activité et d'après le règlement spécial concernant ce service, lequel doit être constamment maintenu dans sa vigueur.

Les médecins en chef doivent avoir toujours en vue que le service dont ils sont chargés a pour objet la prospérité de la population, une des principales richesses de l'État, en la préservant des fléaux qui affligent l'humanité. En conséquence, ces médecins doivent s'appliquer particulièrement à faire exécuter toutes les mesures hygiéniques prescrites au commencement de ce règlement.

Comme les hôpitaux ont été établis, dans les provinces, pour y faire soigner les malades, les médecins en chef des provinces qui ont la direction de ces hôpitaux en surveillent attentivement le service, afin qu'il s'y fasse avec la plus grande exactitude et d'après les règlements en vigueur dans les hôpitaux.

Il est bien entendu que le service des hôpitaux établis dans les chefs-lieux est exclusivement dévolu aux médecins en chef.

DEVOIRS DES MÉDECINS ADJOINTS.

Les médecins adjoints ont, dans leur circonscription, les mêmes fonctions que les médecins en chef. Ils se conforment aux ordres et aux instructions qu'ils reçoivent d'eux, les secondent dans l'exécution des règlements et les suppléent en cas d'absence.

DEVOIRS DES MÉDECINS DE DISTRICT.

Les médecins de district sont tenus de parcourir, assidûment, tout le district dont le service leur est confié, village par village.

Ils se rendront chez le cherk-el-beled ou chez son suppléant, et de concert avec le chirurgien-barbier du village, ils procéderont à leur inspection.

Ils doivent s'informer, avant tout, de l'état de la santé publique du village, visiter les malades et leur prescrire un mode de traitement pour lequel ils prendront les médicaments nécessaires.

Ils font ensuite les visites des morts.

Ils examineront s'il y a quelque maladie dominante ou quelque épizootie, et dans le cas où il y aurait des mesures à prendre, ils en adresseront un rapport détaillé au médecin en chef de la province.

Ils inspecteront le village, tant à l'extérieur qu'à l'intérieur, pour observer si les prescriptions des règlements du 3 chaâban 1267 sont exécutées, et pour constater s'il n'y a pas infraction, en quelques points, aux articles du titre 2 relatifs à la classification des travaux hygiéniques.

Dans le cas où ces travaux ne seraient pas exécutés ou que la nécessité d'ordonner d'autes travaux serait reconnue (toujours relativement aux articles 3 et 6), les médecins de district doivent les faire exécuter immédiatement et conformément aux dispositions du règlement précité. Ils conviennent avec le cherk-el-beled du temps à accorder pour leur achèvement. Celui-ci sera responsable, sous peine d'être puni, de l'accomplissement du travail dans le temps fixé.

Ils examineront le registre-journal du village, pour s'assurer s'il est tenu exactement, pour l'enregistrement des nouveau-nés, des morts et des vaccinés des deux sexes, depuis leur dernière tournée.

Ils se font présenter ensuite les vaccinés, pour constater si les résultats désignés par les barbiers correspondent à leurs observations, ce qu'ayant fait, ils délivrent les certificats à tous ceux chez lesquels la vaccination a parfaitement réussi. D'après le nombre de ces billets est calculée la rémunération accordée aux barbiers, pour chaque enfant vacciné avec un bon résultat; si les médecins de district remarquent que la vaccination a été négligée, ils en demandent la cause et signalent le vaccinateur.

Après avoir recueilli toutes les diverses observations, dans le registre du village, d'après la formule usitée, ils font, en détail, l'exposé de toutes les infractions aux règlements du 3 chaâban.

Chaque médecin de district doit avoir un registre pareil, dans lequel il copie exactement la relation qu'il a écrite dans celui du village. Il passe aussi dans son registre, jour par jour, les lettres officielles qu'il a reçues ou expédiées. Le livre lui sera fourni par le moudyr de la province, qui le fera préalablement numéroter en y apposant son cachet.

Les médecins de district doivent expédier, tous les dix jours, au médecin en chef le journal de leurs opérations, qu'ils extraient de leur registre, et dans lequel ils font connaître l'état de la santé publique, ainsi que les contraventions qu'ils ont observées. Ce journal, accompagné d'une lettre officielle numérotée qu'ils transcrivent dans leur registre avec la date de l'expédition, sert au médecin en chef pour faire une note nominative des contrevenants et demander qu'ils soient punis, proportionnellement à la gravité des contraventions dont ils sont coupables.

Si les médecins de district retardent au delà de trois jours l'envoi du journal, après le temps fixé où l'expédition doit en être faite et qu'il ne puissent justifier ce retard, il seront punis d'une retenue de solde à tant... pour chaque jour de retard.

Ils sont passibles de la même peine, s'ils tardent de répondre aux lettres du médecin en chef.

Les médecins de district doivent remettre au médecin en chef, à la fin de chaque mois, les demandes que les barbiers leur adressent pour être payés.

Les états des vaccinés et des morts doivent être approuvés par les médecins de district, sous leur responsabilité.

Les circulaires concernent les barbiers, datées des 20 gemad-aker 7 et 17 régeb, restent en vigueur, ainsi que celles relatives aux états des malades traités et à la déclaration des maladies épidémiques (du 17 chaâban) comme aux instructions concernant les règlements, datées du 16 chaâban 1267.

Les médecins de district ne peuvent correspondre officiellement qu'avec le médecin en chef et les barbiers sont sous leurs ordres.

Quant aux autres autorités, il ne peuvent correspondre avec elles que sur l'autorisation du médecin en chef.

Dans le cas où ils reçoivent, de la part des barbiers, des rapports sur la manifestation d'une maladie épidémique, d'une épizootie ou sur des soupçons de peste, ou bien s'il sont invités à constater des morts violentes ou présentant quelques caractères douteux, ils doivent immédiatement prêter leur ministère, en se rendant sur le lieu où leur présence est demandée. Ils font ensuite leur rapport et l'adressent au médecin en chef qui le transmet à l'autorité compétente.

Ils sont autorisés à demander des courriers forcés au cheyk-el-beled, s'il s'agit de quelques cas de peste, de quelques soupçons, etc.

Il est défendu à tous les employés sanitaires médecins ou pharmaciens, de faire le commerce, de s'adonner à l'agriculture, de vendre des médicaments, d'accepter de l'argent, pour la vaccination, de le part des indigents ou d'en demander, à titre de traitement. Il leur est également défendu de négliger leur service pour vaquer à leurs propres affaires.

DES BARBIERS.

Chaque village doit avoir un ou plusieurs barbiers proportionellement au nombre de la population. La nomination de ces barbiers est faite par le médecin en chef sur la proposition du médecin de district.

Les barbiers font partie du corps des employés sanitaires.

Ils doivent être subordonnés aux médecins en chef.

Ils sont, par conséquent, indépendants de la juridiction des cheyk-el-beled et exemptés des travaux publics.

Chaque fois qu'un barbier se rend coupable d'une contravention aux règlements sanitaires, il est puni, d'après un procès-verbal que le médecin en chef instruit contre lui.

Les barbiers sont chargés de visiter les morts du sexe masculin et, après cette constatation, ils les font enregistrer dans le livre-journal du village, par le cheyk-el-beled ou par un autre notable, en désignant le nom des morts, leur âge et la cause probable du décès.

Les morts du sexe féminin sont visités par les femmes des barbiers, qui font leur rapport à leur mari pour que ceux-ci aient à procéder ensuite à l'enregistrement comme ci-dessus.

Dans le cas d'une mort impliquant des soupçons de peste, d'empoisonnement ou d'autres causes violentes, telles que blessures, coups, etc., l'inhumation du cadavre doit être retardée jusqu'à ce que le médecin du district ou le *nazir quems* ou enfin le *hakem khot* (gouverneur du district) qui en sont immédiatement informés, aient reconnu les causes de la mort, pour que la justice puisse procéder aux investigations nécessaires.

S'il y a des soupçons de peste ou d'autres maladies épidémiques ou contagieuses, l'enterrement du mort est également retardé et le médecin du district en informe l'autorité ; en attendant que le médecin en chef se soit rendu sur les lieux, on établit une discipline quarantenaire.

Les barbiers sont chargés du service de la vaccination ; à cet effet, ils fixent un jour dans la semaine et chargent les cheyk-el-beled de réunir, dans un local, les enfants qui doivent être vaccinés.

Les vaccinés sont immédiatement enregistrés dans le journal du village et examinés, à la prochaine vaccination faite par les barbiers qui font inscrire ensuite dans ce livre-journal le bon ou mauvais résultat de la vaccination de chaque individu, à côté de son nom. Ces annotations sont ensuite rectifiées par le médecin du district, dans son inspection mensuelle. C'est d'après cette constatation, que le médecin du district délivre les *teskérés* (bons) de vaccination ; il approuve les kechfs (comptes) de payement de barbiers.

Les barbiers doivent toujours conserver du pus vaccin dans les verres et le renouveler à chaque vaccination générale.

Les enfants chez lesquels la vaccination n'a pas réussi sont vaccinés de nouveau, jusqu'à ce qu'on ait obtenu un resultat satisfaisant.

Pour chaque visite faite à un mort par les barbiers ou par leur femme, et pour chaque enfant vacciné avec un bon résultat, par eux ou par elles, il leur est accordé une gratification d'une piastre (25 cents), par le divan de la Mouderych.

Les barbiers sont chargés de surveiller la propreté du village, en le parcourant, chaque matin, à l'effet de recommander l'arrosage et le balayage des rues. Dans le cas où ils ne sont pas obéis, ils en informent le cheyk-el-beled pour que les récalcitrants soient punis.

Les barbiers sont chargés de surveiller l'exécution du règlement du 3 chaâban 1267, en vigueur, concernant l'hygiène générale, et sont nommés wekils, *ad hoc*, par le médecin du district, sous sa responsabilité ; ce dernier les fait reconnaître, en cette qualité par l'autorité locale.

Ils sont obligés de prêter assistance aux blessés ou à ceux qui sont piqués par des scorpions ou autres animaux venimeux, ainsi que cela leur est prescrit par la circulaire du médecin en chef, et d'enregistrer exactement tous les blessés qu'ils ont à soigner, dans un registre sur lequel ils rendent compte des suites qu'ont eues les blessures. Dans le cas où les cheyk-el-beled ne présenteraient pas les enfants à la vaccination, on n'obligerait pas les parents à les y amener.

Dans le cas, aussi, où ils ne font pas enterrer les morts dans les lieux prescrits, ou qu'ils ne constatent pas les décès, les barbiers en donnent avis au médecin de district, ce qu'ils font par écrit ou verbalement, à l'époque de son inspection.

Les barbiers ne doivent jamais sortir du village, sans y avoir été préalablement autorisés par le médecin du district.

Quand ils veulent être payés de ce qui leur est dû pour les visites faites aux morts, pour les vaccinations qu'ils ont pratiquées, ils remettent, à la fin du mois, au médecin du district, une note nominative des individus vaccinés et des morts visités, et cette note doit être revêtue de leurs cachets. Elle est ensuite expédiée, immédiatement, au médecin en chef, après avoir été vue et approuvée par le médecin de district. Le médecin en chef, en la recevant, en obtient le payement du divan de la province.

Les barbiers ne peuvent être en correspondance qu'avec le médecin de leur district. Ce n'est que dans le cas où ils ont quelque réclamation à faire contre lui, qu'il leur est permis de s'adresser directement au médecin en chef.

DEVOIRS DES ADJUDANTS SANITAIRES.

Les adjudants sanitaires sont placés auprès du médecin en chef dans les chefs-lieux de province, pour exécuter toutes les mesures quarantenaires exigées lorsqu'une maladie épidémique ou contagieuse règne dans le pays, et seconder, au besoin, les médecins, pour l'exécution des mesures hygiéniques.

Les adjudants sanitaires sont, en même temps, chargés de tenir toutes les écritures du service sanitaire, telles que registres, correspondance, etc.

Lorsque les médecins en chef des provinces font leurs inspections, les adjudants sanitaires doivent les accompagner, pour prendre toutes les notes relatives aux travaux hygiéniques qui ont été faits, afin de constater, ensuite, les relations fournies par les médecins adjoints, ou des districts, dans leurs rapports.

Les gardiens sanitaires sont placés sous les ordres des médecins en chef et secondent les adjudants sanitaires.

DEVOIRS DES SAGES-FEMMES.

Les sages-femmes qui sont établies dans les chefs-lieux des provinces, doivent visiter tous les morts de leur sexe, pour en constater la cause, autant que possible.

Il est aussi de leur devoir de prêter assistance aux femmes en couches, comme à toutes celles qui, par des préjugés religieux ou autres, ne peuvent se soumettre à la visite ou au traitement d'un médecin.

Ces sages-femmes sont aussi obligées de faire la vaccination dans les maisons des particuliers (harems) chaque fois qu'elles y sont appelées.

DEVOIRS ET ATTRIBUTIONS DES PHARMACIENS ATTACHÉS AU SERVICE DES PROVINCES.

Un officier de santé, pharmacien, chargé en chef du service pharmaceutique d'une province, est placé dans le chef-lieu de cette province.

Ce pharmacien, selon l'importance de la province, pourra être du grade de yousbachi ou de mulazim.

Dans les provinces de Rodah-el-Baherem et d'Assyout, ce fonctionnaire pourra être du grade de saccolagassi, pour être chargé, en même temps, d'un approvisionnement central de médicaments, etc....., l'un pour la basse Égypte, l'autre pour la haute Égypte, afin de faciliter le service des fournitures dans les provinces voisines. Dans ce cas, il aura sous ses ordres les deux pharmaciens qui existent actuellement dans ces deux provinces.

Le pharmacien de chaque province devra résider au chef-lieu de la province, auprès du moudyr où sa pharmacie sera établie.

Il fournira aux médecins de district les médicaments qui lui seront demandés pour ces médecins, au moyen d'un état signé par eux et approuvé par le médecin en chef de la province, et il retirera, des médecins de district, des reçus à sa décharge, qu'il fera figurer en sortie dans des comptes, en les joignant comme documents à l'appui.

Il fournira, sur les bons du médecin en chef, les médicaments prescrits pour les indigents, dans les consultations gratuites données chaque jour.

Dans les chefs-lieux de province où sont établis des hôpitaux civils, le pharmacien en chef de la province fera suivre la visite journalière de cet hôpital, par un aide-pharmacien. Cette visite sera inscrite sur des cahiers, conformément à ce qui se pratique dans les hôpitaux, en indiquant : le nom des malades, le caractère de la maladie et les prescriptions, qui devront être écrites en toutes lettres et sans abréviations.

Le pharmacien en chef devra faire figurer, sur un seul et même état mensuel, tout le mouvement de la consommation de médicaments qu'il aura faite dans le mois. Ce mouvement sera divisé en autant de catégories que l'exigeront les genres de fournitures faites, telles que : service de l'hôpital ; — service des districts ; — service des consultatations gratuites, etc., etc., avec leurs documents à l'appui, et tous ces médicaments seront récapitulés et totalisés dans la dernière colonne de cet état mensuel, pour former, dans une seule colonne, la consommation générale du mois.

Cet état du mouvement mensuel de consommation sera transmis, par l'administration de la province, au bureau de révision qui, après vérification et traduction en langue arabe, le renverra à la province, pour servir à établir la comptabilité pharmaceutique auprès de l'administration de la province.

L'aide-pharmacien placé sous les ordres du pharmacien en chef, dans chaque province, outre la tenue du cahier, dans l'hôpital, sera tenu de faire le service de la pharmacie et d'aider le pharmacien en chef pour l'expédition des bons et autres fournitures et de le suppléer dans le service, en cas de maladie ou d'absence autorisée.

Art. III.

DES INSPECTIONS GÉNÉRALES.

Le règlement des inspections sanitaires, dans les provinces, est maintenu dans toute sa vigueur et dans toutes ses dispositions.

Ces inspections ont pour objet de s'assurer si les médecins de districts s'acquittent exactement des devoirs qui leur sont prescrits par les règlements, comme aussi, si les médecins en chef des provinces surveillent et dirigent le service qui leur est confié. Enfin, si tous les autres employés sanitaires satisfont régulièrement aux obligations qui leur sont imposées par le service.

A cet effet, on a reconnu la nécessité de nommer deux médecins inspecteurs en chef, l'un pour la haute Égypte et l'autre pour la basse Égypte. Ils seront chargés de faire, régulièrement, des inspections, chaque fois que besoin en sera, et que cela leur sera ordonné par le Conseil de santé.

Les résultats des inspections seront adressés au Conseil de santé avec lequel les inspecteurs en chef auront à s'entendre.

Dans le cours de leurs tournées, ces inspecteurs devront correspondre avec le Conseil de santé, et, pour les affaires d'urgence, prendre les mesures exigées par les intérêts du service.

En faisant leurs inspections, ils doivent se rendre au chef-lieu de la province où résident les moudyrs, pour se mettre en rapport avec ces autorités ou leurs suppléants. Ils prennent des renseignements sur la manière dont le personnel sanitaire remplit ses fonctions. Ils examinent les registres des malades traités, celui des vaccinations et ceux de la mortalité et de la correspondance.

Ils prennent note des rapports et observations concernant les chefs-lieux.

De concert avec les médecins en chef des hôpitaux, ils constatent l'état des

locaux, leur distribution, leur tenue intérieure, l'état de leur mobilier, ustensiles, linge, etc., la nature et la qualité des aliments et la manière dont se fait le service, tant au point de vue médical qu'administratif.

Ils passent encore une inspection rigoureuse des pharmacies et de leurs dépendances.

Ils s'assurent du bon état des médicaments officinaux et si les préparations magistrales s'exécutent d'après les prescriptions du formulaire.

Ils se font présenter, dans chaque ville et village, les registres de la mortalité et des naissances; ils examinent également les registres des malades qui ont été traités dans l'intervalle des inspections.

S'ils constatent des causes d'insalubrité, ils s'informent des motifs pour lesquels ces causes n'ont pas été détruites, et ils secondent les médecins en chef dans l'accomplissement des améliorations hygiéniques proposées.

RAPPORTS DES AUTORITÉS AVEC LES EMPLOYÉS SANITAIRES.

Les autorités civiles devront prêter aide et assistance aux médecins et autres employés quarantenaires, pour tout ce qui concerne l'accomplissement de leurs devoirs, dans l'intérêt de la santé publique.

Les médecins n'ayant eux-mêmes aucun pouvoir, aucune autorité administrative, ni aucun moyen pour faire exécuter les mesures prescrites ci-dessus, doivent réclamer l'appui des moudyrs, des nazirs et des cheyk-el-beled, afin d'obliger les populations à se soumettre aux mesures qui leur seront prescrites.

En conséquence, toutes les fois qu'un médecin aura prescrit des mesures d'hygiène qui n'auront pas été exécutées, il devra réclamer contre le cheyk-el-beled au nazir-quems et contre celui-ci au moudyr, par la voie du médecin en chef. Les habitants qui contreviendraient, seraient signalés à l'autorité et passibles des peines portées par le Code pénal sanitaire, ainsi qu'il est dit au titre IX.

Les autorités chargées particulièrement de prêter leur assistance, dans les provinces, aux employés sanitaires sont: les moudyrs, les nazirs-quems et les cheykh-el-beled. Les rapports qui doivent exister entre ces autorités et les officiers de santé des provinces, sont comme il suit : pour les moudyrs, avec les médecins en chef. Les médecins en chef doivent correspondre avec des moudyrs pour leur remettre les rapports des médecins de district ou de tout autre employé sanitaire, rapports relatifs à des questions qui ne peuvent être résolues que par leur intervention.

Les moudyrs sont donc obligés de faire exécuter tous les règlements sanitaires, et de punir ceux contre lesquels des réclamations leur auront été faites ou renouvelées par les médecins en chef, soit pour l'obstination qu'ils auront mise à s'opposer aux prescriptions qui leur auront été faites, concernant le service, soit pour tout autre cause ayant rapport au même service.

RAPPORTS DES NAZIRS-QUEMS AVEC LES MÉDECINS DE DISTRICT.

Toutes les fois que les nazirs-quems reçoivent des réclamations des médecins de district pour des contraventions aux règlements sanitaires, ils doivent intervenir, avec leur autorité, et exercer toute l'action qui est en leur pouvoir, afin d'imposer l'exécution des règlements. S'ils ont affaire à des notables tels que cheykh-el-beled, moutaahl-eddiuel (chef de religion) qui, en plusieurs circonstances, auraient donné des preuves de mauvaise volonté, les nazirs-quems s'en réfèrent aux moudyrs et demandent leur concours, pour que les récalcitrants soient punis conformément au Code pénal sanitaire.

RAPPORTS DES CHEYKH-EL-BELED AVEC LES MÉDECINS DE DISTRICT.

Les cheykh-el-beled doivent observer exactement tous les règlements en vigueur du 3 châaban 1267 et se conformer à tout ce qui est prescrit ci-avant, à l'article 2.

Ils sont tenus de présenter régulièrement les enfants à la vaccination, les jours où elle a lieu.

Ils sont obligés de faire visiter tous les morts des deux sexes, par les barbiers ou leurs femmes chargées de ce service. S'ils désobéissent à cette disposition, ils sont punis d'un emprisonnement d'un mois.

Lorsque le médecin de district se présente dans le village, ils doivent l'accompagner, dans son inspection, et lui prêter aide et assistance, en tout ce qui concerne le service.

Chaque village doit avoir un registre-journal qui est déposé chez le cheykh-el-beled ou le cady, et, à défaut de ce dernier, chez le notable du village, qui inspire le plus de confiance.

Dans ce livre, les cheykh-el-beled inscrivent ou font inscrire, chaque jour, les nouveau-nés et les morts, ainsi que les enfants vaccinés, aux jours de vaccination, en indiquant les résultats ultérieurs de celle-ci. Dans ce même registre, le médecin de district, après son inspection, fait la relation détaillée de son inspection comme cela est dit au titre IIIe (Devoirs des médecins de district), et les notables, avec le cheykh du village, déclarent que les opérations mentionnées par le médecin, ont été exécutées en leur présence et qu'ils s'obligent à se conformer à ce qui leur a été prescrit par lui. Ils apposent ensuite leur cachet à cette déclaration.

Si les cheykh-el-beled d'un village refusent d'apposer leur cachet sous la relation du médecin qu'il a faite sur le registre déposé chez eux, ou bien s'ils ne veulent pas prendre l'engagement de se conformer à ses injonctions, afin d'éviter les reproches ou les punitions qu'ils pourraient s'attirer en ne satisfaisant pas à ces engagements, ils sont jugés coupables de désobéissance envers le gouvernement, après vérification des faits présentés à leur charge par le médecin.

Le registre de chaque village sert de documents à l'appui des accusations portées contre le cheykh-el-beled, etc., vraies ou fausses, puisque étant revêtues du cachet du médecin de district, de celui du cheykh-el-beled et de ceux d'autres témoins, il ne peut jamais être mis en doute.

Les cheykh-el-beled sont obligés de procurer au médecin et aux barbiers, chaque fois que les besoins du service l'exigent, les courriers forcés dont il est fait mention au titre : *Devoirs des médecins du district*, et au titre : *Devoirs des barbiers.*

LETTRE A SON EXCELLENCE LE MINISTRE DE L'INTÉRIEUR.

Monsieur le Ministre,

Le vice-roi, touché du misérable état des indigents, vieillards ou infirmes, qui, incapables de gagner leur vie, mendiaient sur les voies publiques où souvent ils gisaient mourants de faim et de froid; voulant en outre détruire la mendicité par vagabondage et enlever tout prétexte aux individus capables de travailler, eut la généreuse pensée d'ouvrir un asile aux indigents. Depuis près de quatre années, Son Altesse a ainsi allégé les souffrances de six à sept cents malheureux.

Un dépôt de mendicité fut donc établi, mais sans bases régulières, sans organisation réelle. Aussi est-il de toute urgence de donner à cet établissement de piété un règlement qui fixe les droits et le mode d'admission, l'ordre intérieur, l'habillement, la nourriture, enfin l'administration générale du personnel et du matériel.

Il est dans l'intérêt des mœurs et de l'économie d'imposer, à ceux des indigents qui en sont capables, un travail approprié à leur aptitude afin de ne pas entretenir la paresse au détriment du gouvernement.

Le dépôt de mendicité se trouvant en quelque sorte lié à l'abolition du Môristan et à l'organisation de l'hôpital civil, j'ai cru devoir rédiger le projet de règlement que j'ai l'honneur d'adresser à Votre Excellence, en me dirigeant dans ce travail d'après les établissements de ce genre qui existent en Europe.

L'adoption des mesures que je propose à Votre Excellence me paraît bien indispensable, car tel qu'il existe aujourd'hui, ce dépôt n'obvie pas à la mendicité d'une manière absolue, puisqu'on permet aux indigents qui en font partie d'aller demander l'aumône dans la ville, et que, malgré les dépenses du gouvernement, ces malheureux sont d'une malpropreté repoussante. Il y a plus : le manque d'ordre et de surveillance a amené des abus dans la discipline et les bonnes mœurs.

C'est pour mettre un terme à ce déplorable état des choses et donner au dépôt de mendicité ce caractère d'utilité et de philanthropie qui recommande à un si haut degré les institutions de Son Altesse, que je me suis fait un devoir d'établir, dans les articles suivants, les règles générales qui me paraissent les plus convenables pour faire régner dans cet établissement le bon ordre et l'économie et assurer en même temps son incontestable utilité.

J'ose donc soumettre ce règlement à l'approbation de Votre Excellence, persuadé que je ne saurais trop tôt me conformer aux vues généreuses de notre auguste maître pour lequel Votre Excellence déploie tant de zèle et laisse éclater tant de dévouement.

Je suis,

De Votre Excellence,

Le très-humble et très-obéissant serviteur,

CLOT-BEY.

1er janvier 1838.

CHAPITRE X.

PROJET DE RÈGLEMENT POUR L'ORGANISATION DU DÉPOT DE MENDICITÉ ÉTABLI AU CAIRE.

---

§ Ier. — Objet du dépôt de mendicité.

Art. Ier.

Le dépôt de mendicité établi au Caire a pour objet d'offrir un asile aux indigents des deux sexes devenus incapables de pourvoir à leur subsistance par l'effet de l'âge ou des infirmités.

Art. II.

Cette institution a encore pour objet d'enlever tout prétexte à la paresse et au vagabondage en interdisant la mendicité dans la ville et dans la campagne.

§ II. — Conditions qui donnent droit à être admis au dépot de mendicité et des formalités à remplir.

Art. III.

N'ont droit d'être admis au dépôt de mendicité que les malheureux sans aucun moyen d'existence, que leur âge ou leurs infirmités ont rendus incapables d'un travail qui suffise à leurs besoins.

Art. IV.

Toute personne qui demande à être admise au dépôt de mendicité doit adresser au ministre de l'intérieur une pétition mentionnant son âge, le lieu de sa naissance, les infirmités dont elle est atteinte. Elle sera tenue d'y joindre un certificat de l'autorité compétente constatant son état réel d'indigence.

ART. V.

L'état d'infirmité devra être constaté par un certificat du médecin en chef de l'hôpital civil. Ce n'est qu'après les formalités ci-dessus mentionnées que l'on pourra être admis au dépôt de mendicité.

§ III. — CLASSEMENT.

ART. VI.

Les individus admis au dépôt de mendicité formeront trois grandes divisions, savoir :

Division des hommes,

Division des femmes,

Division des enfants.

Une localité séparée sera affectée à chaque division.

ART. VII.

Chaque classe sera subdivisée ainsi qu'il suit :

1° Indigents absolument impropres au travail, tels que les aveugles, les paralytiques, les idiots ;

2° Ceux qui sont aptes à un travail quelconque.

§ IV. — DU TRAVAIL.

ART. VIII.

Tous les individus capables d'un travail quelconque devront être occupés six heures par jour.

ART. IX.

Les mendiants s'occuperont de couture, de filature (du lin, du chanvre, de la laine, du coton), du tissage des cordons, de broderie, de la fabrication de la charpie, enfin toutes choses ouvrables pour le gouvernement et pour les particuliers.

ART. X.

Les travaux seront répartis d'une manière convenable entre les hommes, les femmes et les enfants, selon l'aptitude particulière de chaque division, de chaque individu.

ART. XI.

Les individus travaillant percevront le tiers du produit de leur travail; les deux autres tiers seront versés dans la caisse du dépôt.

§ V. — DES FOURNITURES DE COUCHE.

ART. XII.

La couche des indigents se composera de deux bancs en fer, de trois planches, d'un matelas et d'un coussin en paille, de quatre draps de lit, d'une couverture.

ART. XIII.

Les heures du lever et du coucher seront fixées par le règlement de service intérieur.

§ VI. — DE L'HABILLEMENT.

ART. XIV.

L'habillement de chaque individu se composera des objets suivants :

1° 1 lepdé,
2° 2 takiés,
3° 3 chemises,
4° 2 caleçons,
5° 1 chemise en toile bleue,
6° 1 paire de souliers dits markoubs.

ART. XV.

La durée de chacun de ces objets devra être d'un an. Le règlement intérieur fixera le mode de lavage et la manière d'entretenir les objets d'habillement dans le meilleur état possible.

§ VII. — DES USTENSILES DE TABLE.

ART. XVI.

Les ustensiles de table pour chaque individu seront :

1 verre en fer-blanc,
1 plat dito,
1 cuiller en bois.

Art. XVII.

La formule et la durée des ustensiles de table seront les mêmes que celles des ustensiles de l'hôpital civil.

§ VIII. — De la nourriture.

Art. XVIII.

La portion de vivres individuelle se composera d'une livre et demie de pain, d'une livre de lentilles ou de fèves et d'une once de beurre.

§ IX. — Du blanchissage et de l'éclairage.

Art. XIX.

Le blanchissage du linge aura lieu en commun, et l'emploi du savon sera calculé à deux onces par mois pour chaque individu.

Art. XX.

La distribution de l'huile pour l'éclairage aura également lieu en commun selon l'état des localités et dans la proportion d'une demi-once par individu.

§ X. — Administration intérieure.

Art. XXI.

L'administration intérieure du dépôt de mendicité sera confiée à un nazir dont les fonctions comprendront la surveillance et la responsabilité de tout le matériel, et la direction de l'établissement au point de vue du l'exécution du règlement intérieur, concernant la comptabilité, l'ordre, la discipline, la propriété générale et individuelle.

Art. XXII.

Le nazir sera secondé par le nombre de surveillants et surveillantes qui sera jugé nécessaire.

Art. XXIII.

Les surveillants et surveillantes, les tailleurs et tailleuses, les cuisiniers et cuisinières et les employés des divers services de l'établissement seront, autant que possible, choisis dans le dépôt même. Il leur sera accordé un salaire proportionné à l'importance du travail qui leur sera imposé, et en raison du zèle qu'ils déploieront dans l'accomplissement de leur tâche.

§ XI. — De la direction et de la surveillance des ateliers.

Art. XXIV.

La direction et la surveillance des ateliers seront confiés à des individus réunissant les connaissances nécessaires dans les divers genres de travaux qui devront être exécutés.

§ XII. — Comptabilité.

Art. XXV.

La comptabilité comprendra : 1° le contrôle des individus existant au dépôt de mendicité. Il sera tenu un registre portant les noms et prénoms, le sexe et l'âge, le lieu de la naissance, la nature de l'infirmité de chaque individu, la date de son entrée dans l'établissement, celle de sa sortie ou de sa mort; une colonne d'observations où sa conduite et le genre de travaux auxquels il aura été employé seront mentionnés.

Art. XXVI.

2° Un registre où sera inscrit tout le mobilier classé par nature d'objets et les dates des diverses réceptions.

Art. XXVII.

3° Un registre de denrées et d'objets de consommation.

Art. XXVIII.

4° Un registre spécial contenant le jour des entrées et des sorties ou des décès.

§ XIII. — Service de santé.

Art. XXIX.

Le service de santé du dépôt de mendicité sera fait par les médecins et chichirurgiens de l'hôpital civil.

Art. XXX.

Chaque jour un chirurgien devra se rendre au dépôt de mendicité pour y visiter les malades. Il délivrera un billet d'entrée à l'hôpital civil à ceux qui seront atteints d'affections graves, et prescrira les remèdes nécessaires à ceux qui souffriraient d'affections légères.

§ XIV. — SURVEILLANCE SUPÉRIEURE ; INSPECTION DU DÉPOT DE MENDICITÉ.

ART. XXXI.

La surveillance du dépôt de mendicité sera exercée par cinq inspecteurs nommés par le ministre de l'intérieur.

ART. XXXII.

Les inspecteurs seront choisis parmi les indigènes dans la classe des ulémas, dans celles des fonctionnaires, des riches propriétaires et des négociants. Les fonctions d'inspecteur seront purement honorifiques.

ART. XXXIII.

Le service des inspecteurs sera fait mensuellement et à tour de rôle par chacun des inspecteurs. Ceux-ci auront autorité sur le nazir et les autres fonctionnaires de l'établissement. Ils veilleront à l'exécution des règlements et correspondront directement avec le ministre de l'intérieur.

ART. XXXIV.

Le premier ou le deuxième jour de chaque mois, les inspecteurs se réuniront pour entendre l'inspecteur du mois précédent, et, séance tenante, ils adresseront au ministre de l'intérieur un rapport collectif sur l'état du dépôt de mendicité.

ART. XXXV ADDITIONNEL.

Il sera rédigé un règlement pour le service intérieur qui fixera les fonctions et attributions de chaque employé, et réglera tous les détails concernant l'administration intérieure, la police, la discipline.

ART. XXXVI ADDITIONNEL.

Le dépôt de mendicité sera établi dans l'ancien Môristan, et les revenus affectés à cet hospice seront reversés sur le nouvel établissement.

§ XV. — DE L'ADMINISTRATION INTÉRIEURE.

Personnel.

ART. XXXVII.

Le dépôt de mendicité sera placé sous l'autorité du ministre de l'intérieur.

ART. XXXVIII.

L'autorité supérieure sera confiée à un homme intelligent et actif, d'une probité et d'une moralité reconnues.

ART. XXXIX.

Le personnel se composera en outre d'un sous-directeur, d'un écrivain chargé de tenir la comptabilité et d'un nombre de suffisant servants choisis, autant que possible, parmi les infirmiers. Il y aura de plus deux cuisiniers, deux laveurs et deux tailleurs pour les hommes, deux cuisinières, deux laveuses et deux tailleuses pour les femmes et les enfants.

§ XVI. — DU DIRECTEUR ET DU SOUS-DIRECTEUR.

ART. XL.

Le directeur aura, sous son autorité, tout le personnel de l'établissement et la haute surveillance, au point de vue de l'ordre, de la propreté et de la distribution des aliments, vêtements et aumônes pécuniaires. Il devra aussi porter son attention sur la conservation et la bonne tenue du matériel.

Il correspondra directement avec le ministre de l'intérieur pour tout ce qui concerne son administration.

ART. XLI.

Le sous-directeur est chargé de seconder le directeur dans ses fonctions. Il devra coucher dans l'hospice et y être constamment dans la journée.

§ XVII. — DE L'ÉCRIVAIN OU OFFICIER COMPTABLE.

ART. XLII.

L'écrivain tiendra les registres mentionnés au § XII. Il conservera dans les archives toutes les lettres reçues après les avoir cotées, et transcrira les réponses sur un registre *ad hoc*. Il enverra tous les jours au ministre de l'intérieur le mouvement de l'hôpital et, mensuellement, l'état de la consommation et le mouvement général.

§ XVIII. — DES SERVANTS.

ART. XLIII.

Il y aura un infirmier pour dix aveugles et un par vingt-cinq pauvres infirmes non aveugles.

Art. XLIV.

Les tailleurs et les laveurs entretiendront et laveront le linge des infirmes qui ne pourront pas le faire eux-mêmes.

Art. XLV.

Le service des hommes sera fait par des hommes. Les femmes seront servies par des personnes de leur sexe.

Art. XLVI.

Le portier ne laissera entrer ni sortir personne sans la permission du directeur. Il veillera à ce qu'aucun aliment ou objet quelconque ne soit emporté hors de l'établissement.

Art. XLVII.

Il n'y aura jamais d'ouverte que la grande porte de l'hospice. Un poste de soldats invalides y sera placé pour la police de l'établissement, dans laquelle ils ne devront d'ailleurs s'immiscer que sur l'ordre du directeur ou du sous-directeur.

§ XIX. — Police et corrections.

Art. XLVIII.

Les infirmes qui manqueraient à leur devoir de subordination ou se rendraient coupables de quelque autre faute seraient punis par la privation de la moitié de leurs aliments, d'un jour à trois, de la perte de la moitié de l'aumône en argent d'une semaine à un mois, de la prison, dont la durée sera d'un jour à huit. Dans aucun cas on ne devra les battre. Pour les fautes graves ou délits, le directeur en référera au ministère.

§ XX. — De l'aumône en argent.

Art. XLIX.

Il sera donné une piastre par semaine aux hommes et aux femmes, et 20 paras aux enfants, afin qu'ils puissent se procurer du tabac, du café et d'autres petites friandises. On ne pourra jamais leur retenir plus de la moitié de cet argent.

§ XXI. — Des devoirs religieux.

Art. L.

Un yman sera chargé de faire chaque jour les prières d'obligation dans l'hospice.

Art. LI.

Cet yman devra instruire les infirmes de leurs devoirs religieux. Il apprendra à lire aux enfants qui sont aptes à apprendre et enseignera le Coran aux aveugles.

Art. LII.

Cet yman sera choisi, si cela se peut, parmi les infirmes.

FIN.

TABLE DES MATIÈRES.

SERVICE MILITAIRE.

SERVICE CIVIL.

FIN DE LA TABLE.

Paris. — Imprimé par E. Thunot et Cie, 26, rue Racine.

www.ingramcontent.com/pod-product-compliance
Ingram Content Group UK Ltd.
Pitfield, Milton Keynes, MK11 3LW, UK
UKHW020253250726
13967UKWH00004B/1660

9 782012 982024